Sprudelnde Quelle, wahrer Reichtum versiegt nie, unendliches Sein.

*Gewidmet meinem Vater –
in tiefer Dankbarkeit.
Dezember 2015*

Inhalt

Vorwort

> An einem gewissen Punkt im Leben erkennst du, dass mehr Zeit hinter dir liegt, als du noch vor dir hast. Jetzt ist es an der Zeit, reife Entscheidungen zu treffen.

Es gibt einen Sinnspruch, der mich seit meiner Kindheit begleitet. Ich kann mich noch gut daran erinnern, wie ich einmal traurig nach Hause kam, enttäuscht über eine gemeine Bemerkung eines anderen Kindes, wütend über meinen emotionalen Ausbruch vor den anderen Kindern und frustriert über meine mangelnde Fähigkeit, gelassen über den Dingen zu stehen. Mein Vater setzte sich zu mir und sagte: »Du musst den Willen haben, zu ändern, was du ändern kannst. Die Geduld, mit dem zu leben, was du nicht ändern kannst. Und die Intelligenz, den Unterschied zu erkennen.«

Ich werde seine Worte nie vergessen; sie begleiten mich seit diesem Tag. In der Zwischenzeit weiß ich, dass der Sinnspruch (in etwas anderer Form) auf den amerikanischen Theologen und Philosophen Reinhold Niebuhr zurückgeht. Man vermutet, dass er sein Gelassenheitsgebet während des Zweiten Weltkriegs verfasste und Gott damit um Gelassenheit, Mut und Weisheit bat.

In den Worten meines Vaters steckt sehr viel Lebensweisheit. Für mich fordert der erste Satz: »Du musst den Willen haben, zu ändern, was du ändern kannst«, schon ganz viel Mut und Eigenverantwortung. Er ist eine klare Aufforderung, etwas aus seinem Leben zu machen, dort, wo es möglich ist, einzugreifen, zu handeln und zu verändern. Der zweite Satz: »Die Geduld, mit dem zu leben, was du nicht ändern kannst«, appelliert an die Fähigkeit, anzunehmen und loszulassen und nicht mit den Umständen oder dem vermeintlichen Schicksal zu hadern, um keine unnötige Energie, Lebenszeit und Lebensfreude zu verschwenden. Der dritte Satz: »Und die Intelligenz, den Unterschied zu erkennen« spornt an, auf ehrliche und kritische Weise die Dinge und die Welt zu hinterfragen und wertvolle Einsichten zu gewinnen. Wo habe ich die Möglichkeit, einzugreifen? Wo sind mir ganz natürliche Grenzen gesetzt? Wie funktioniert der Geist? Wie ticke ich und wie die anderen?

Ein Mangel an Gelassenheit und dadurch aufkommende Empfindungen wie Leid, Unzufriedenheit, Ungeduld und Ärger entstehen durch den Widerspruch von Erwartung und Wirklichkeit. Gelassen sein – das muss man »wollen«, denn Gelassenheit beginnt im Kopf. Es bedarf nur einer klaren Entscheidung und der richtigen geistigen Einstellung bzw. mentalen Haltung. Und diese lässt sich trainieren. Mitgefühl mit mir und mit anderen Menschen zu haben ist dabei eine essenzielle Voraussetzung. Denken Sie daran: Sie haben immer und jederzeit die Freiheit, auf eine Situation so zu reagieren, wie Sie wollen! Denn es lassen sich jeden Tag tausend Gründe finden, weshalb Sie sich gerade jetzt aufregen, die Geduld verlieren, sich Sorgen machen oder aus der Haut fahren könn-

ten. Es gibt aber immer mindestens einen Grund, es nicht zu tun!
Ich nenne Ihnen nachfolgend gleich mehrere.

Gelassene Menschen sind:

› zuversichtlicher
› souveräner
› entspannter
› selbstsicherer
› konstruktiver
› geduldiger
› stressresistenter
› leistungsfähiger

› ruhiger
› zufriedener
› gesünder
› vitaler
› erfolgreicher
› intelligenter
› beliebter
› glücklicher

Dieser Ratgeber für Ihren Alltag vermittelt Ihnen einfache und
sehr wirkungsvolle stille und bewegte Übungen für mehr Ruhe,
inneren Frieden, Klarheit, Stärke und Gelassenheit. Mit dem Begriff
»still« meine ich ruhige, meditative Übungen, bei denen Sie sich
nicht bewegen. Dazu zähle ich verschiedene Meditationstechni-
ken, aber auch die geistigen Übungen, die Ihnen helfen, im Alltag
gelassener und zufriedener zu sein. Zu den bewegten Übungen
gehören alle Techniken, bei denen Sie sich bzw. Ihren Körper,
meist in Verbindung mit Ihrer Atmung, bewegen.

Ich wünsche Ihnen viel Geduld und Freude beim Üben und den
Mut, die Dinge zu verändern, die Sie ändern können. Aber auch
die Gelassenheit, die Dinge anzunehmen und loszulassen, die Sie
nicht ändern können, und die Ein- und Weitsicht, das eine vom
anderen unterscheiden zu können!

Herzlichst
Sandy Taikyu Kuhn Shimu

> Dein größter Feind ist deine Angst.
> Kultiviere Klarheit und
> Entschlossenheit im Inneren und
> sanfte Anpassung und Stärke im Außen.
> Das ist der Weg – jetzt stehen dir alle
> Möglichkeiten offen.

Einführung

Gedanken formen dich,
sie sind dein Leben.
Und dein Leben ist das,
was dich formt.
Innere Entschlossenheit
schenkt dir Ruhe und Kraft.
Entscheide dich,
und gehe deinen Weg
voller Vertrauen und Zuversicht.

Das Wort »Gelassenheit« beschreibt eine Geisteshaltung, die ruhig, klar, zentriert und vorurteilsfrei ist. Gelassen ist man dann, wenn man eine wertfreie, offene, mitfühlende, wahrnehmende und bewusste Perspektive sich selbst, den anderen und dem Leben (sowie den damit verbundenen Situationen) gegenüber einnehmen kann.

Im buddhistischen Kontext steht der Sanskrit-Begriff »Upekkha« für Gelassenheit und Gleichmut. Er zählt neben Mitfreude (Mudita), Mitgefühl (Karuna) und liebender Güte (Metta) zu den vier wichtigsten geistigen Tugenden, die auch »die vier unermesslichen Geisteshaltungen« (Brahmavihara) genannt werden.

Eine Frau im mittleren Alter suchte Buddha auf und wollte vom großen Meister wissen, wie sie mehr Ruhe in ihren Alltag bringen könne. So sprach sie: »Ich will gelassen sein!« Buddha antwortete: »Das geht ganz leicht. Entferne zuerst das **Ich** – das ist dein Ego. Dann nimm das **will** weg – das ist dein Wunsch. Wie du siehst, bleibt jetzt nur noch **gelassen sein** übrig!«

Gelassen sein ist also eine bewusste Entscheidung, die Sie mit Ihrem Geist treffen. Sie beinhaltet, dass Sie den Dingen ihren natürlichen und freien Lauf lassen. Im Begriff »Gelassenheit« findet sich die Tugend »loslassen« oder »etwas sein lassen«, was auch einschließt, das anzunehmen und das zuzulassen, was ist. Denn Sie können immer nur das loslassen, was Sie vorher angenommen haben. Annehmen heißt Ja sagen – Ja zum Leben, Ja zu dem, was jetzt gerade ist. Es ist die Akzeptanz der Gegenwart, das bewusste Anerkennen der momentanen Situation.

An ein paar Beispielen möchte ich Ihnen zeigen, wie einfach es sein kann, in Gelassenheit zu leben. Ich kenne eine Dame im reifen Alter, die sich von der Aussage einiger Männer »Frauen können nicht Auto fahren!« angegriffen fühlt und deshalb sofort eine mentale Kampfhaltung einnimmt. Sie schlägt entweder verbal zurück und attackiert ihr Gegenüber mit Vorurteilen auf gleichem Niveau, oder sie ist beleidigt und wütend und zieht sich genervt zurück. Auf jeden Fall hat sie ihre innere Ruhe und ihre Ausgeglichenheit verloren. Ihre Erwartung »Männer müssen Frauen respektieren, so etwas sagt man nicht, das ist diskriminierend« stimmt nicht mit der Wirklichkeit überein.

Genauso verhält es sich mit dem fleißigen Angestellten, der seit Jahren auf eine Lohnerhöhung hofft. Bei der jährlichen Leistungsbesprechung mit seinem Vorgesetzten erwartet er nun, dass sich seine Aufopferung, sein Einsatz und seine Integrität in einem höheren Gehalt bemerkbar machen. Wenn der Chef ihm nun »nur« eine Schachtel Pralinen, einen bunten Blumenstrauß und einen warmen Händedruck als Dankeschön überreicht, fühlt er sich nicht wirklich wertgeschätzt, ist unzufrieden und enttäuscht. Seine Erwartungshaltung, wie sich ein »richtiger und guter« Chef zu verhalten hat, stimmt nicht mit der Wirklichkeit überein.

Eines meiner Lieblingsbeispiele ist das eines jungen Pärchens, das sehr verliebt war. Die junge Frau kam zu mir in die Beratung und beklagte sich, dass er ihr nicht den Ring geschenkt hatte, den sie sich so sehr gewünscht hatte. Stattdessen überraschte er sie mit einem Wochenendtrip nach Rom. Natürlich sei das sehr romantisch und toll. Sie liebe die italienische Küche, wollte immer einmal in den Vatikan, aber noch mehr hätte sie sich über einen besonderen mit Diamanten be-

setzten Platinring gefreut. Auf meine Frage, ob ihr Partner von diesem innigen Wunsch wüsste, sagte sie mit großen Augen und leicht genervter Stimme: »Nein, aber er wüsste es, wenn er mich wirklich lieben würde!« Ich schmunzelte gedanklich und erkundigte mich dann ernsthaft: »Ist Ihr Freund Hellseher von Beruf?«

Sie können bereits an diesen wenigen Beispielen erkennen, wer oder was den einzelnen Personen ihre Gelassenheit, ihren inneren Frieden und ihre Ruhe raubt. Sie alle sind es selbst! Ihre Erwartung stimmt nicht mit der Wirklichkeit überein. Sie wünschen sich etwas anderes, als das, was gerade da ist. Und das ist nicht die Schuld der Männer, des Vorgesetzten oder des Partners! Die erste wichtige Erkenntnis ist also, dass Sie wirklich erkennen können, dass Sie keinen Einfluss darauf haben, wie andere auf Sie oder eine Situation reagieren, ob nun die Ampel auf Rot springt, Ihnen ein Traktor gerade jetzt vor das Auto fährt, wie Ihre Mutter auf Ihren Auslandsaufenthalt reagiert und ob es bei Ihrer Grillparty regnen wird. Im Grunde wissen Sie eigentlich nie genau, was tatsächlich passieren wird. Wir hoffen, erwarten, denken, fühlen und träumen vieles … aber wie oft stimmt das dann mit der Realität überein? Sie halten jedoch ein viel größeres Instrument und wertvolleres Geschenk in Ihren Händen: Sie haben die Wahl und die freie Entscheidung, wie Sie auf einen Menschen, seine Aussage, seine Handlungen oder auf eine alltägliche Situation reagieren möchten. Das ist wahre Freiheit! Und das ist der Ausgangspunkt bzw. die Basis Ihrer Gelassenheit. Mit dieser Weisheit sind Sie kein emotionaler Spielball mehr. Sie sind nicht mehr abhängig von den Launen der anderen. Und Sie haben dann vielleicht sogar den Mut, Ihrem Partner Ihre Bedürfnisse und Wünsche ehrlich, direkt und offen mitzuteilen. Das heißt natürlich nicht, dass Sie alles bekommen, worum Sie bitten, aber Ihr Gegenüber hat wenigstens die Chance, darüber nachzudenken und ebenfalls frei zu entscheiden.

Die ältere Dame könnte zum Beispiel durch achtsames Reflektieren ihr mangelndes Selbstwertgefühl erkennen, das sich in der Aussage »Frauen können nicht Auto fahren« bemerkbar macht und durch die sie sich daher angegriffen fühlt. Durch eine Stärkung ihres Selbstvertrauens mittels spezifischer Übungen aus diesem Buch, z. B. »Der innere Buddha«, »Das innere Licht« oder »Stehen wie ein Baum«, würde sie nach wenigen Wochen über diese Worte lächeln. Der unzufriedene Angestellte könnte seinen Job wechseln oder den Vorgesetzten um mehr Lohn bitten. Vielleicht überprüft er aber auch seine Wertvorstellungen und merkt, dass Geld nicht gleich Anerkennung ist. Ihm könnten z. B. die Übungen »Die Freude einladen« oder »Die Kraft der vier großen Tugenden« helfen.

Eine mitfühlende geistige Einstellung und die Erkenntnis, dass wir alle untrennbar miteinander verbunden sind, ist im Straßenverkehr sehr hilfreich und manchmal sogar lebensrettend. Auch der Bauer hat das Recht, die Straße zu benutzen, obwohl man manchmal das Gefühl hat, er macht das immer zur falschen Zeit. Ähnliche Gedanken hegen oft Berufstägige gegenüber Rentnern, die sich erlauben, am Abend um 18 Uhr einkaufen zu gehen. Was für eine Frechheit, oder? Nein! Vielleicht sind genau diese Menschen den ganzen Tag allein, fühlen sich überflüssig und möchten wenigstens einmal am Tag unter Menschen sein. Um Mitgefühl und Verbundenheit zu kultivieren, helfen z. B. die Übungen »Die fünf Vertiefungen der Gelassenheit« oder »Frieden auffüllen und Liebe umhüllen«. Sie

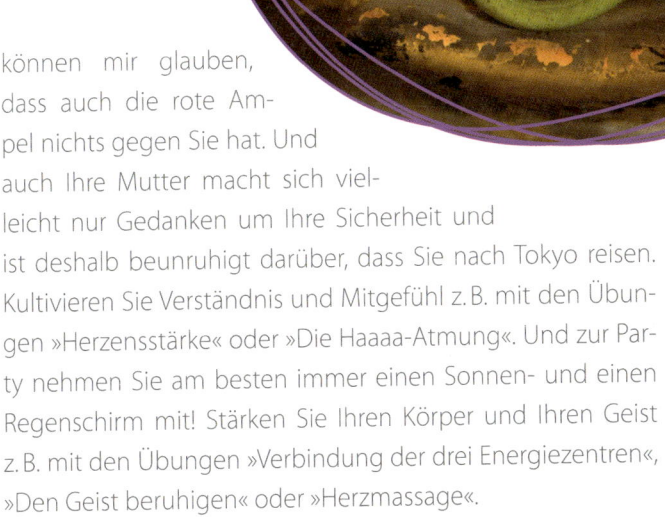

können mir glauben,
dass auch die rote Am-
pel nichts gegen Sie hat. Und
auch Ihre Mutter macht sich vielleicht nur Gedanken um Ihre Sicherheit und
ist deshalb beunruhigt darüber, dass Sie nach Tokyo reisen.
Kultivieren Sie Verständnis und Mitgefühl z. B. mit den Übungen »Herzensstärke« oder »Die Haaaa-Atmung«. Und zur Par-
ty nehmen Sie am besten immer einen Sonnen- und einen
Regenschirm mit! Stärken Sie Ihren Körper und Ihren Geist
z. B. mit den Übungen »Verbindung der drei Energiezentren«,
»Den Geist beruhigen« oder »Herzmassage«.

Ein Zen-Sprichwort lautet treffend: »Lasse den Vogel im unermesslichen Himmel deiner Gelassenheit fliegen. Befreie den
Fisch im bodenlosen Ozean deiner Toleranz.« Oder mit den
weisen Worten seiner Heiligkeit, des 14. Dalai Lama: »Ech-
tes Glück erfordert den Frieden des Geistes oder ein Maß an
geistiger Gelassenheit. Wenn dies vorhanden ist, zählt Härte
nichts. Mit innerer Stärke oder geistiger Stabilität können wir
alle Arten von Widrigkeiten ertragen.«

Gelassenheit beinhaltet die Tugenden Gleichmut, Güte und
Mitgefühl sowie die Fähigkeit, nicht an etwas anzuhaften
oder festzuhalten. Gelassen sein ist nicht dasselbe wie gleich-

gültig sein. Gleichgültigkeit ist mangelndes Interesse und zeigt sich in einer teilnahmslosen und unachtsamen Haltung. Je ruhiger und gelassener Sie in einer Situation bleiben können, desto selbstbewusster und klarer können Sie reagieren. Eine achtsame, wertfreie Wahrnehmung Ihres Körpers und Ihres Geistes, gerade in schwierigen Momenten, hilft Ihnen, die kleinen Impulse, die in Ihnen vorgehen, zu beachten. Diese kleinen, manchmal fast unauffälligen Anstöße sind wichtige Hinweise und helfen Ihnen, sich besser zu entscheiden. Denn in der Ruhe liegt die Kraft, und in der Muße findet die Kreativität Ihren Weg. Klarheit und Vertrauen ebnen den Weg derer, die gelernt haben, Ja zum Hier und Jetzt zu sagen, den Augenblick zu akzeptieren – und zwar genau so, wie er gerade ist. Diese Haltung setzt die Energien frei, die man zur Lösung braucht. Was bedeutet nun Gelassenheit ganz konkret für Sie im täglichen Leben?

Gelassenheit ist, wenn Sie …

› in sich selbst ruhen.
› geduldig sind.
› die Verantwortung für Ihr Leben und somit für Ihr Denken, Fühlen und Handeln übernehmen.
› anderen Menschen Raum geben und sie ihre eigenen Erfahrungen machen lassen.
› andere respektieren, die nicht so denken, fühlen und handeln wie Sie selbst.
› weder Zustimmung erwarten noch sich selbst verbiegen oder rechtfertigen.
› sich im Fluss des Lebens treiben lassen.
› aus der inneren Mitte und im Einklang mit sich selbst leben.
› loslassen und vertrauen können.
› sich von unerreichbaren Ansprüchen befreien (z. B. »alle müssen mich lieben, ich darf keine Fehler machen, ich muss es allen recht machen«).
› sich der Wandlung hingeben.
› den Mut und die Stärke haben, auf Ihren Herz-Geist zu hören und Ihren eigenen Weg zu gehen.
› im Hier und Jetzt, im gegenwärtigen Moment, von Augenblick zu Augenblick leben.

Sie können die Kunst, das Leben glücklich und gelassen zu meistern, trainieren. Neben der Einsicht und dem Willen, Gelassenheit zu kultivieren, brauchen Sie Übungen, damit Sie einerseits zur Ruhe kommen und andererseits in hektischen oder schwierigen Situationen klar und zentriert bleiben.

Die Weisheit des Lebens
besteht in der Kunst,
unwesentliche Dinge auszuschalten.

Alle stillen und bewegten Übungen dieses Buches haben dasselbe Ziel: Ihren Körper und Ihren Geist in der Gegenwart zu verbinden, Klarheit zu fördern, innere Ruhe und Frieden zu kultivieren und Ihr Vertrauen zu stärken. Sie stammen aus meiner langjährigen Unterrichtspraxis als Kampfkunst-, Qi Gong-, Yoga- und Zen-Lehrerin sowie aus meiner Arbeit als buddhistische und psychologische Beraterin. Sie haben sich als gute Begleiter erwiesen und schon unzählige Schülerinnen und Schüler auf deren Weg unterstützt. Trotzdem reagiert jeder Mensch individuell und macht eigene Erfahrungen. Deshalb hören Sie auf Ihren Körper und Ihren Geist, und passen Sie die Wiederholungen Ihren körperlichen Möglichkeiten an. Variieren Sie auch die Zeitangaben, oder experimentieren Sie mit verschiedenen Sitzhaltungen in den Meditationen bzw. bei den Atemübungen. Halten Sie nicht dogmatisch an den Vorgaben fest; achten und respektieren Sie Ihre körperlichen und mentalen Grenzen. Die kurzen Zen-Geschichten und Sinnsprüche dienen dazu, dass Sie die Gelassenheit aus einer weiteren oder einer anderen Perspektive wahrnehmen lernen. Geschichten haben die Kraft, wichtige Inhalte auf eine leichte und manchmal auch heitere Art und Weise zu vermitteln; und Sprüche fassen prägnant das Wesentliche zusammen.

Mögen Ihr Geist und Ihr Herz stets glücklich, zufrieden und gelassen sein und Sie in Ihrem Denken, Fühlen und Handeln einen heilsamen und liebevollen Umgang mit sich selbst und allen fühlenden Wesen pflegen. Ich wünsche Ihnen viel Freude und Leichtigkeit beim Lesen, Reflektieren und Üben.

Das Gelassenheits-paket für Ihren Alltag

oder die Basis für Gelassenheit schaffen

Es gibt ein paar ganz einfache, aber sehr wirkungsvolle Maßnahmen, die Sie unmittelbar in Ihrem Alltag anwenden können, um sich ganz allgemein gelassener, ruhiger, glücklicher, zentrierter und energievoller zu fühlen. Jeder einzelne Punkt für sich ist bereits sehr effektiv. Je mehr Aspekte Sie aber in Ihren Alltag integrieren können, desto nachhaltiger, erfolgreicher und zufriedener werden Sie sein. Bleiben Sie bei der Umsetzung aber unbedingt authentisch und entspannt. Vermeiden Sie, dass durch falsche Erwartungen und zu hohe Ansprüche an Sie selbst erneut Stress, Druck oder neue Belastungen entstehen. Experimentieren Sie, und erfreuen Sie sich auch an kleinen Fortschritten.

> **Achten Sie auf einen regelmäßigen Schlaf-Wach-Rhythmus** (gerade auch am Wochenende oder wenn Sie frei haben). Versuchen Sie auch, einen rhythmischen, d.h. einen strukturierten Tagesablauf einzuhalten. Diese einfache Maßnahme bringt Ruhe, Ordnung und Klarheit in Ihr Leben.

**> Gehen Sie regelmä-
ßig an der frischen Luft
spazieren.** Dies schenkt Ihnen enorm viel Raum. Raum,
um durchzuatmen, den Blick
in die Ferne schweifen zu lassen,
sich von Gedanken zu lösen, in die
heilende Kraft der Natur einzutauchen
und sich mit positiver Energie aufzuladen.

**> Entspannen und trainieren Sie regelmäßig Ih-
ren Körper** z.B. mit Yoga, Kampfkunst, Taiji Quan oder Qi
Gong, und schulen und kultivieren Sie jeden Tag Ihren Geist
z.B. mit Zen-Meditation. Körper und Geist sind miteinander
verbunden. Sie beeinflussen sich gegenseitig – im positiven
wie auch im negativen Sinne. Ein gewisses Maß an Beweglich-
keit, Ausdauer, Koordinationsfähigkeit und funktionaler Kraft
ist genauso wichtig wie ein klarer, be-
wusster, mitfühlender und acht-
samer Geist.

> Verbinden Sie sich regelmäßig ganz bewusst mit Ihrer Atmung. Ihr Atem ist Ihr Lebenselixier. Sie können rund 30 Tage überleben, ohne feste Nahrung zu sich zu nehmen, etwa 3 Tage auf Flüssigkeit verzichten, aber nur 3 Minuten ohne Sauerstoff auskommen. Öffnen Sie das Fenster, strecken Sie Ihren Kopf hinaus, und atmen Sie tief durch. Oder gehen Sie für ein paar Minuten an die frische Luft. Noch besser ist es, wenn Sie täglich, am besten früh morgens oder am späteren Abend, ein paar einfache Atemübungen (Pranayama) machen. So halten Sie den ganzen Tag ein hohes Energieniveau aufrecht, und Sie fühlen sich im wahrsten Sinne des Wortes gut genährt.

> Schenken Sie sich und anderen Menschen jeden Tag ein Lächeln. Ein Lächeln kostet nichts, aber es trägt eine liebevolle, verbindende und anerkennende Energie, die es verdient, bedingungslos geteilt und großzügig verschenkt zu werden.

> Geben Sie Ihr Bestes, aber lassen Sie den Anspruch auf Perfektion los. Damit meine ich, dass Sie sich selbst und anderen Personen gestatten, Fehler zu machen. Ein fehlerfreies Leben führen zu wollen ist eine Illusion und macht nicht nur Sie, sondern auch Ihr Umfeld unglücklich und krank. Denken Sie an das Sprichwort: Wo gehobelt wird, da fallen auch Späne. Wer arbeitet, macht also Fehler. Und wer keine Fehler machen will, der will sich auch nicht weiterentwickeln.

> Erlauben Sie sich, über sich selbst zu lachen, und lernen Sie, sich selbst und anderen zu vergeben. Die Kraft der Vergebung wirkt befreiend, erleichternd und ist körperlich und geistig heilsam. Sie setzen mit dieser inneren Haltung blockierte Energien frei und lösen sich ganz selbstbewusst aus Ihrer Täter- oder Opferrolle. Dabei geht es nicht darum, Ereignisse zu leugnen oder zu verdrängen. Ganz im Gegenteil, Sie nehmen sie wahr, stellen sich ihnen, nehmen sie an und lassen ganz selbstbestimmt los!

> **Erfreuen Sie sich an dem, was Sie bereits besitzen,** und grübeln Sie nicht über das, was Ihnen vermeintlich noch alles fehlt. Seien Sie sich bewusst, dass es immer etwas gibt, was Sie nicht Ihr Eigen nennen können. Es liegt an Ihnen, ob Sie eine negative innere Haltung des Mangels oder eine positive Einstellung der Fülle kultivieren möchten. Diese heilsame Ausrichtung schenkt Ihnen ganz viel Zufriedenheit und Gelassenheit, und das ist weit mehr und wichtiger als das, was Sie sich an materiellen Gütern jemals kaufen könnten. Fördern Sie deshalb Ihre innere und äußere Haltung der Dankbarkeit.

> **Nehmen Sie immer wieder einmal die Vogelperspektive ein,** und fragen Sie sich, was das Schlimmste ist, was passieren könnte, beziehungsweise, wie wichtig die Sache tatsächlich ist, die Sie belastet oder aus der Ruhe bringt. Oft verliert man den Überblick, wenn man in einem Problem feststeckt und sich zu sehr mit diesem identifiziert. Das heißt nicht, dass Sie sich nicht mit Schwierigkeiten auseinandersetzen sollen. Es ist aber wichtig, dass Sie den richtigen Bezug dazu herstellen, ohne dass Sie etwas zu schwarz oder zu rosarot sehen!

> Führen Sie sich die Vergänglichkeit aller Dinge vor Augen. Nichts bleibt für immer; alles verändert und wandelt sich. Diese Einsicht lässt Sie vor allem auch Probleme gelassener annehmen und hilft Ihnen dabei, mit Schwierigkeiten ruhiger und besser umzugehen. Sie wissen, dass es nur eine Frage der Zeit ist, bis sich die Situation wieder verändert.

> Halten Sie öfter inne, und schweigen Sie. Urteile sind sehr schnell gefällt, und Worte kommen rasch über die Lippen. Tragen Sie Ihr Herz nicht auf der Zunge. Leben Sie nach dem Motto: Lieber ein Wort zu wenig als ein falsches zu viel. Überprüfen Sie Ihre Rede immer wieder auf die wertvollen »drei Siebe der rechten Rede«. Erstes Sieb: Ist es wirklich wichtig, was ich jetzt sagen will? (die Notwendigkeit) Zweites Sieb: Weiß ich genau, dass es der Wahrheit entspricht, was ich jetzt mitteilen will? (die Wahrheit) Drittes Sieb: Ist es förderlich, was ich erzählen möchte? Bringt es mich und andere Menschen weiter? (die Güte)

> Verschieben Sie Wichtiges nicht auf später. Entschuldigen Sie sich, oder sagen Sie Danke. Bitten Sie um Vergebung. Schreiben Sie einen Brief, oder greifen Sie zum Telefon, und entledigen Sie sich dessen, was Sie belastet. So erfahren Sie Leichtigkeit und Gelassenheit und befreien sich vom Druck des Aufgeschobenen.

> Verzichten Sie bewusst auf die Fähigkeit des Multi-Tasking. Werden Sie wieder single-tasking, und widmen Sie sich einer Sache mit ganzem Herzen. Mehrere Dinge gleichzeitig zu erledigen ist nicht nur Stress für Ihr Gehirn, sondern wirkt sich auch negativ auf Ihren Köper aus. Schnell stellt sich ein Gefühl der Unruhe, der Hektik und der Unzulänglichkeit ein. Fehler und Unzufriedenheit nehmen zu, Freude und Achtsamkeit lassen nach. Ganz in einer Tätigkeit aufzugehen verbindet Körper und Geist miteinander, und das macht zufrieden und glücklich.

> Gönnen Sie sich Pausen und Momente, in denen Sie ganz einfach nichts tun. Schaffen Sie sich Freiräume, und erlauben Sie sich, Grenzen zu setzen. Sagen Sie beherzt Nein, wenn Sie einer Aufforderung nicht nachkommen möchten. Erlauben Sie sich auch einmal ganz bewusst, nicht verfügbar und erreichbar zu sein. Schalten Sie zum Beispiel Ihr Smartphone aus, oder richten Sie Ihr E-Mail-Konto auf »automatische Abwesenheitsbenachrichtigung« ein. Und genießen Sie es!

> Verzichten Sie auf negative Wiederholungen wie mehrmals täglich Nachrichten zu hören. Auch Lästereien, Streitereien, Klatsch und Tratsch gehören dazu. Negative Wiederholungen schwächen Ihre Energie, drücken auf die Stimmung und lenken Sie von wichtigen Dingen ab. Überprüfen Sie auf dieser Grundlage auch Ihren Geist. Welchen schlechten, traurigen, trüben, aggressiven oder selbstzerstörerischen Gedanken hängen Sie immer wieder nach? Es ist wichtig, dass Sie sich dieser Gewohnheitsenergien bewusst werden, denn nur so haben Sie die Chance, korrigierend einzugreifen, und Sie können z. B. einen böswilligen Gedanken durch einen mitfühlenden Gedanken ersetzen, das Radio ausschalten oder sich bei der nächsten Stammtischrunde nicht am destruktiven Gespräch beteiligen.

> **Lassen Sie sich genügend Zeit und Raum, um wichtige Entscheidungen zu treffen.** Stress manifestiert sich dann, wenn Sie das Gefühl haben, etwas sofort erledigen oder entscheiden zu müssen. Diese Haltung entstammt dem Eindruck, keine Wahl oder keine Zeit zu haben. Oft ist diese Einstellung auch gepaart mit der Angst, etwas zu verpassen. Daraus resultiert dann die Angewohnheit, etwas oder jemandem zuzustimmen und es später zu bereuen. Schenken Sie sich das Recht auf Zeit. Die innere Ruhe und die Gelassenheit, die dadurch entstehen, verleihen Ihnen ein wunderbares Gefühl der Zuversicht, der Klarheit und der Selbstbestimmtheit.

> **Trainieren Sie Ihre Achtsamkeit.** Kommen Sie mit Ihrem Körper und Ihrem Geist immer wieder in die Gegenwart zurück. Nur wenn Körper und Geist zur selben Zeit am selben Ort sind, fühlen Sie sich mit sich selbst, Ihren Mitmenschen, Ihrer Umwelt und dem Leben im Allgemeinen verbunden. Die Kunst, im Moment zu leben, schenkt Ihnen Sicherheit, Vertrautheit und ganz viel Lebenskraft und Lebensfreude.

> ### Sagen Sie Ja zum Leben und Ja zu sich selbst!

Sehr oft schmälern wir uns im Alltag selbst. Wir machen uns klein, hinterfragen unsere Fähigkeiten oder zweifeln an unseren Entscheidungen und unserem Können. Es liegt in der Natur des Menschen, dass er sich (weiter)entwickeln möchte, aber dazu gehört ein gesundes Maß an Selbstvertrauen und Selbstsicherheit, d. h. ein starkes Ja zu sich selbst. Es ist normal, dass Sie gewisse Entscheidungen aus der Vergangenheit bereuen oder mit Ihrem Körper vielleicht nicht zu hundert Prozent zufrieden sind. Trotzdem ist es Ihr Körper, und es sind bzw. waren Ihre Entscheidungen. Stehen Sie zu ihnen, und verändern Sie heute das, was Sie können, und das, was in Ihrer Macht steht. Setzen Sie neue Ursachen, und ernten Sie neue Wirkungen!

Der wahre Wert der Aufrichtigkeit besteht darin, sich selbst nicht zu belügen.

Die Klimaanlage

In einem schicken Restaurant bat eine ältere Dame den Kellner höflich, er möge doch die Klimaanlage etwas wärmer einstellen. Der Kellner entsprach dem Wunsch des Gastes sehr gern. Es dauerte aber nur wenige Minuten, bis sich die Frau mit der Speisekarte Luft zufächelte und den Kellner bat, die Klimaanlage doch wieder etwas kühler einzustellen. Auch dieser Aufforderung kam der Kellner sofort nach. Nach der Vorspeise zupfte die Dame an ihrem Schal und rief den Kellner wieder an den Tisch: »Oh, ich fühle mich etwas unterkühlt. Würden Sie bitte die Klimaanlage wieder etwas wärmer einstellen?« – »Aber sehr gern, gnädige Frau!«, erwiderte der Kellner freundlich.

Daraufhin winkte ein Gast vom Nebentisch dem Kellner zu und wollte von ihm wissen: »Sagen Sie mal, stört Sie das eigentlich nicht? Die Dame weiß ja gar nicht, was sie will. Einmal wärmer, einmal kühler, wie können Sie da so ruhig und gelassen bleiben. Nervt Sie das Hin und Her denn überhaupt nicht?« Der Kellner erwiderte mit einem Lächeln: »Nein, überhaupt nicht. Denn wir haben gar keine Klimaanlage!«

Die fünf Vertiefungen der Gelassenheit

Diese Übung hilft Ihnen dabei, ein tiefes Gefühl der Ruhe, Besonnenheit und Klarheit zu erfahren. Die fünf Vertiefungen der Gelassenheit stärken Ihre Energie und Lebensfreude und unterstützen Sie dabei, auf körperlicher und geistiger Ebene Dinge gezielt anzunehmen und loszulassen. Bei regelmäßiger Praxis werden Sie sich im Umgang mit sich selbst und Ihren Mitmenschen geduldiger, gelassener, stärker und mutiger erleben. Jede Vertiefung baut auf der vorherigen auf, stabilisiert und festigt sie. Sie erfahren in jeder Stufe mehr geistige Entspannung und tieferen inneren Frieden. Der Fokus beim Einatmen hilft Ihnen, achtsam auf- und anzunehmen. Beim Ausatmen unterstützt er Sie, bewusst etwas gehen und loszulassen.

....

Suchen Sie einen Ort auf, an dem Sie für die folgende Übung ungestört verweilen können. Schalten Sie mögliche Störquellen wie Ihr Smartphone aus, und nehmen Sie Ihre bevorzugte Meditationshaltung im Sitzen am Boden oder auf einem Stuhl ein. Achten Sie auf eine aufrechte und stabile Körperhaltung. Wenn Sie die fünf

Vertiefungen auf einem Stuhl praktizieren, stellen Sie die Füße parallel auf Schulter- oder Hüftbreite auseinander und fest auf den Boden. Die Knie bilden einen rechten Winkel, sodass die Kniegelenke über den Fußgelenken stehen. Knie und Zehen zeigen gerade nach vorn. Lehnen Sie, wenn möglich, Ihren Rücken nicht an.

Nehmen Sie folgende Meditationsgeste ein: Legen Sie die linke Handfläche in Ihrem Schoß in die rechte; die Handflächen zeigen nach oben. Die Daumen berühren sich sanft und bilden mit den Fingern eine offene ovale Form. Die Handkanten berühren den Unterbauch und liegen etwa 2 bis 3 cm unter dem Bauchnabel. Diese Handhaltung fördert Ihre Achtsamkeit und unterstützt Ihre innere Sammlung. Entspannen Sie Ihren Bauch, Ihre Schultern und Ihr Gesicht, und schließen Sie die Augen. Lassen Sie den Atem leicht und natürlich durch die Nase ein- und ausströmen. Finden Sie zu körperlicher und geistiger Ruhe, und bleiben Sie während der ganzen Übung achtsam und entspannt.

Wenn Sie müde sind oder Schwierigkeiten haben, sich zu konzentrieren, lassen Sie Ihre Augen halb geöffnet. Halten Sie den Kopf aufrecht und den Nacken gerade. Das Kinn können Sie ganz leicht zurückziehen. Richten Sie nun Ihren Blick, ohne wirklich etwas zu fixieren, etwa im 45°-Winkel vor sich auf den Boden. Das hilft Ihnen, wach zu bleiben. In Ausnahmefällen, z. B. wenn Sie krank sind, können Sie die fünf Vertiefungen auch im Liegen praktizieren.

1. Vertiefung: Ein – Aus

Begleiten Sie Ihre Einatmung geistig mit dem Wort »ein« und Ihre Ausatmung mit dem Wort »aus«. Verweilen Sie ein paar Minuten oder ein paar Atemzüge lang. Sie sind sich zu jeder Zeit bewusst, dass Sie »einatmen«. Sie sind sich zu jeder Zeit bewusst, dass Sie »ausatmen«.

»ein … aus …«

2. Vertiefung: Bewusst – Loslassen

Vertiefen Sie Ihre Gelassenheit, indem Sie gedanklich beim Einatmen das Wort »bewusst« und beim Ausatmen »loslassen« wiederholen. Verweilen Sie ein paar Minuten oder ein paar Atemzüge lang. Sie sind sich zu jeder Zeit bewusst, dass Sie beim Einatmen »bewusst« und beim Ausatmen »loslassen« wiederholen.   »bewusst … loslassen …«

3. Vertiefung: Geduldig – Vertrauen

Vertiefen Sie Ihre Gelassenheit weiter, und wiederholen Sie beim Einatmen geistig das Wort »geduldig« und beim Ausatmen das Wort »vertrauen«. Verweilen Sie ein paar Minuten oder ein paar Atemzüge lang. Sie sind sich zu jeder Zeit bewusst, dass Sie beim Einatmen »geduldig« und beim Ausatmen »vertrauen« rezitieren.   »geduldig … vertrauen …«

4. Vertiefung: Beherzt – Handeln

Für die nächste Vertiefung Ihrer Gelassenheit wiederholen Sie beim Einatmen gedanklich das Wort »beherzt« und beim Ausatmen »handeln«. Verweilen Sie ein paar Minuten oder ein paar Atemzüge lang. Sie sind sich zu jeder Zeit bewusst, dass Sie beim Einatmen »beherzt« und beim Ausatmen »handeln« wiederholen.   »beherzt … handeln …«

5. Vertiefung: Leben – Lieben

Bei der letzten Vertiefung Ihrer Gelassenheit begleiten Sie Ihre Ein-atmung geistig mit dem Wort »leben« und Ihre Ausatmung mit dem Wort »lieben«. Verweilen Sie ein paar Minuten oder ein paar Atemzüge lang. Sie sind sich zu jeder Zeit bewusst, dass Sie beim Einatmen »leben« und beim Ausatmen »lieben« rezitieren.

»leben … lieben …«

Verweilen Sie noch einen Moment in der kraftvollen Stille, und genießen Sie die heilsame Ruhe. Beenden Sie die Übung, wann immer Sie mögen.

Überblick:
Die fünf Vertiefungen der Gelassenheit sind:

1. Vertiefung: EIN – AUS
2. Vertiefung: BEWUSST – LOSLASSEN
3. Vertiefung: GEDULDIG – VERTRAUEN
4. Vertiefung: BEHERZT – HANDELN
5. Vertiefung: LEBEN – LIEBEN

Meisterin des Mitgefühls

Diese einfache, aber sehr wirkungsvolle Übung zentriert Sie und schenkt Ihnen Klarheit, innere Stärke und Gelassenheit. Sie beruhigt das Nervensystem und stimuliert das Gehirn. Zudem fördert diese stille Ausrichtung Glücksgefühle, Toleranz, Hingabe und Heilung, und sie stärkt Ihr Urvertrauen und Ihre Lebenskraft.

Nehmen Sie eine aufrechte und stabile Haltung im Sitzen ein, entweder am Boden auf einem Kissen oder auf einem Stuhl. Halten Sie Ihre Hände in der folgenden Meditationsgeste, die das Kleine mit dem Großen verbindet und neue geistige und spirituelle Horizonte öffnet, vor sich: Legen Sie Ihre linke Hand mit der Handfläche nach oben in Ihren Schoß. Die Seite des kleinen Fingers und die Handkante berühren sanft Ihren Unterbauch. Daumen und Zeigefinger berühren sich und bilden so einen Kreis. Alle anderen Finger sind sanft gestreckt und geschlossen und zeigen nach rechts. Halten Sie Ihre rechte Hand senkrecht vor Ihr Brustbein. Der Daumenballen berührt dabei sanft Ihren Körper. Die Finger sind geschlossen, sanft gestreckt und zeigen nach oben. Auch hier bilden Daumen und Zeigefinger einen Kreis. Halten Sie Ihre Schultern und Ih-

ren Bauch möglichst entspannt. Schließen Sie die Augen, entspannen Sie Ihr Gesicht, und atmen Sie ruhig durch die Nase ein und aus. Lassen Sie Ihre Gedanken wie Wolken am Himmel vorbeiziehen, ohne ihnen anzuhaften oder sie abzulehnen. Versuchen Sie, in eine wertfreie körperliche und gedankliche Ruhe einzutauchen. Verweilen Sie in Stille, ohne Ansprüche und Erwartungen. Halten Sie diese Stellung mindestens 5 Minuten oder so lange, wie Sie mögen. Entspannen Sie dann Ihre Arme, und legen Sie die Hände auf Ihre Knie bzw. Oberschenkel. Spüren Sie einen Augenblick nach. Öffnen Sie langsam Ihre Augen.

Alternativ können Sie diese Übung auch im Stehen durchführen, wenn Ihnen das Sitzen schwerfällt oder Sie lieber im Stehen üben. Wenn Sie stehen, achten Sie auf einen gut geerdeten Stand. Die

Füße stehen parallel zueinander auf Schulterbreite. Lösen Sie die Kniekehlen und das Hohlkreuz, indem Sie sanft Ihr Becken etwas nach vorn schieben. Knie und Zehen zeigen gerade nach vorn in dieselbe Richtung. Positionieren Sie die linke Hand in der beschriebenen Geste etwa 3 cm unter Ihrem Bauchnabel. Die rechte Hand führen Sie wie oben beschrieben vor das Brustbein. Verweilen Sie auch im Stehen mindestens 5 Minuten oder so lange, wie Sie mögen. Entspannen Sie dann Ihre Arme. Lassen Sie sie locker neben dem Körper hängen. Spüren Sie noch einen Moment nach, bevor Sie Ihre Augen öffnen.

Wenn Ihnen das Stehen mit geschlossenen Augen schwerfällt (z.B. Schwindelgefühl, Schwierigkeiten mit dem Gleichgewicht), können Sie Ihre Augen auch halb geöffnet lassen. Senken Sie Ihren Blick – aber nicht den Kopf – etwa um 45°, und blicken Sie vor sich auf den Boden. Das gibt Ihnen Halt und Sicherheit und lenkt Sie weniger ab.

TIPP

Herzensstärke

Diese Übung stärkt die Energie Ihres Herzens und beeinflusst auch Ihren Geist positiv. Herz und Geist sind in der asiatischen Tradition eng miteinander verwoben und wirken aufeinander ein. Nicht nur psychische Klarheit, verstehendes Bewusstsein, Offenheit, Lebensfreude, Mitgefühl, Güte und heitere Gelassenheit haben ihren Sitz im Herzen, sondern auch Ihre Lebensenergie.

Auch diese Übung können Sie entweder sitzend oder stehend durchführen. Beim Sitzen achten Sie auf eine stabile und aufrechte Körperhaltung. Wenn Sie am Boden üben, empfehle ich Ihnen, leicht erhöht, z. B. auf einem Kissen, zu sitzen. Das entlastet Ihren unteren Rücken. Sie können sich jederzeit auch auf einen Stuhl setzen. Lehnen Sie sich dann aber nicht an, und stellen Sie die gesamte Fläche der Fußsohlen flach auf den Boden. Im Stehen konzentrieren Sie sich auf einen sicheren und stabilen Stand. Die Füße stehen parallel zueinander auf Schulterbreite. Entspannen Sie die Kniekehlen und den unteren Rücken. Lösen Sie das Hohlkreuz, indem Sie Ihr Becken ganz sanft und leicht nach vorn schieben. Kommen Sie körperlich und geistig zur Ruhe. Lassen Sie Ihren Atem ganz natürlich durch die Nase ein- und ausströmen.

Strecken Sie Ihre Arme auf Schulterhöhe nach vorn aus, die Handflächen zeigen zueinander. Spreizen Sie Ihre Finger. Halten Sie diese Position für 1 bis 3 Minuten. Atmen Sie dabei bewusst, lang und tief ein und aus. Atmen Sie nun tief ein. Halten Sie Ihren Atem so lange an, bis Sie die Arme und die zu Fäusten geballten Hände unter muskulärer Spannung zur Brust geführt haben. Stellen Sie sich für die Bewegung vor, Sie würden einen schweren Gegenstand ziehen. Atmen Sie achtsam und langsam aus, wenn die Fäuste Ihren Körper berühren. Entspannen Sie dann Ihre Arme und Ihre Schultern. Atmen Sie nun ganz natürlich ein und aus, und spüren Sie einen Moment lang nach.

Wiederholen Sie diese Übung 3 bis 9 Mal. Zum Schluss können Sie Ihre Augen für einen Augenblick schließen, um die Übung etwas länger nachwirken zu lassen.

GESCHICHTE

Ich oder du?

Bei einer öffentlichen Versammlung bat ein Mann Buddha höflich, er möge doch noch etwas über das Thema Leiden vortragen. Der große Meister entsprach der Bitte und sagte: »Wenn ein weiser, intelligenter und lebenskluger Mensch leidet, fragt er sich selbst: ›Was habe ich bis zu diesem Zeitpunkt getan, um mein Leiden zu verringern? Was habe ich bis jetzt gemacht, um mich vom Leiden zu befreien? Was kann ich noch mehr tun, damit ich das Leiden ganz überwinde?‹« Buddha hielt für einen Moment inne und fügte dann hinzu: »Ein naiver, dummer und unwissender Mensch, der leidet, fragt nur: ›Wer hat mir das angetan?‹«

Selbstverantwortung und Selbstvertrauen
sind die einzigen wahren Wegweiser auf
dem Pfad zu innerer und äußerer Freiheit.

ÜBUNG

Das Zauberwort »STOPP«

Diese Übung nenne ich in meinen Beratungen auch »die Psychologie des Augenblicks«. Sie hilft Ihnen einerseits, negative, destruktive Gedankengänge und Gewohnheiten zu unterbrechen, und andererseits, die daraus resultierenden Gefühle, Emotionen und Empfindungen wie Wut, Ungeduld, Angst oder Verzweiflung abzuschwächen oder sogar zu vermeiden.

Wenn Sie das nächste Mal feststellen, dass Sie sich in einer schwierigen Situation befinden, Selbstzweifel Sie überkommen, Sie ungeduldig und ärgerlich werden oder Sie unter Druck Ihre innere Ruhe und Gelassenheit verlieren, sagen Sie gedanklich ganz bewusst »Stopp«! Äußern Sie Ihre innere Ansage überzeugend, klar und selbstsicher. Vermeiden Sie eine aggressive, grobe oder wertende innere Stimme. Es geht darum, dass Sie achtsam in den Moment, ins Hier und Jetzt, zurückkehren. Sie lernen mit dieser einfachen Methode, negative Gedankenspiralen gar nicht erst entstehen zu lassen, und Sie erfahren, dass Sie bestimmen können, was und wie Sie denken wollen.

Eine wunderbare Möglichkeit ist es auch, diese Technik zwischen-durch im Alltag auszuprobieren. Sagen Sie mehrmals am Tag in-nerlich »Stopp«. Unterbrechen Sie Ihre Tätigkeit. Lassen Sie alles los, was Sie gerade tun. Konzentrieren Sie sich nur noch auf Ihren Atemfluss. Kommen Sie ganz in die Gegenwart zurück, und neh-men Sie Ihren Körper und Ihren Geist achtsam wahr. Verweilen Sie für ein paar Atemzüge oder so lange, wie Sie mögen. So üben Sie bereits in guten und normalen Zeiten die Kunst der Gedanken- und der Körperkontrolle.

Jeder Gedanke löst ein entsprechendes Gefühl in Ihnen aus. So, wie Sie denken, werden Sie sich fühlen, und gemäß Ihren Gefüh-len werden Sie handeln. Sie haben wenig bis gar keinen Einfluss darauf, was andere über Sie denken oder was und wie sie über Sie reden. Genauso wenig unterliegt es Ihrer Kontrolle, wie das Wetter wird, wie viel Verkehr auf den Straßen herrscht und welche Herausforderungen bei der Arbeit auf Sie warten. Sie haben aber jederzeit und immer Einfluss darauf, was das, was Sie erleben, mit Ihnen macht, was es in Ihnen auslöst, wie Sie darauf reagieren, wie Sie darüber denken und fühlen und wie Sie handeln möchten. Das ist eine immens wichtige Erkenntnis. Ge-nau hier liegt Ihr Schlüssel zu innerer Stärke, heiterer Gelassenheit und Freiheit.

Bei rund 70.000 Gedanken pro Tag spielt es eine entscheidende Rolle, was und wie Sie denken. Rund 70 Prozent Ihrer täglichen Gedanken sind belanglos, oberflächlich, flüchtig und unbedeutend. 25 Prozent sind schädlich, destruktiv und negativ. Und nur etwa 5 Prozent sind wirklich aufbauend, hilfreich, heilsam, konstruktiv und positiv. Erkennen Sie, welch ein enormes Potenzial in Ihren Gedanken schlummert, welches machtvolle Instrument Ihnen jederzeit zur Verfügung steht und wie viel wertvolle Energie, Lebensfreude und natürliche Intelligenz verloren gehen, wenn Sie nicht beginnen, Ihren Geist zu trainieren. Werden Sie sich bewusst, wie wichtig eine konsequente Geisteshygiene ist. Schützen Sie sich selbst, und erlauben Sie sich auch, nicht einfach jeden Gedanken zu denken. Es ist wichtig, dass Sie lernen, Ihren Geist zu erziehen. Mit Ihren Gedanken erschaffen Sie Ihre Welt. Verändern Sie Ihr Denken, und Sie verändern die Welt!

Der innere Buddha

Diese kraftvolle Übung lenkt Ihren Fokus auf das, was Sie erreichen möchten. Sie vermittelt Ihnen die Erkenntnis, dass jede Tugend ihren Ursprung in Ihrem Inneren, in Ihrem Geist hat und dass Sie jederzeit selbstständig in der Lage sind, angenehme, gute und positive Gefühle zu erzeugen.

Nehmen Sie Ihre bevorzugte Meditationshaltung im Sitzen ein. Achten Sie dabei auf Stabilität und Leichtigkeit. Halten Sie Ihre Hände folgendermaßen: Daumen und Zeigefinger berühren sich und bilden einen Kreis. Der Mittelfinger, der Ringfinger und der kleine Finger sind sanft gestreckt. Die Handflächen zeigen nach oben, die Handrücken liegen entspannt auf den Oberschenkeln. Diese Handhaltung fördert Ihr Urvertrauen und Ihre Lebenskraft. Schließen Sie Ihre Augen, entspannen Sie Ihr Gesicht, Ihren Bauch und Ihre Schultern. Atmen Sie ruhig und natürlich durch die Nase ein und aus. Richten Sie Ihre Aufmerksamkeit auf Ihre Stirn, auf den Punkt zwischen Ihren Augenbrauen. Diese Stelle wird auch »Drittes Auge« oder »Himmelsauge« genannt. Hier entstehen innere Bilder und finden Visualisierungen statt. Stellen Sie sich ein Objekt vor, das Ihnen heitere Gelassenheit schenkt, z. B. einen lächelnden

Buddha. Nehmen Sie wahr, wie sich Ihre innere Haltung positiv verändert. Verleihen Sie diesem guten Gefühl in sich auch Ausdruck im Außen, indem Sie entspannt lächeln. Ein natürliches Lächeln setzt enorme Heilkräfte und positive Energien in Ihnen frei. Sie werden wahrnehmen, wie sich eine gewisse Leichtigkeit, Helligkeit und Freude in Ihrem Körper und Ihrem Geist einstellen.

Lassen Sie nach einigen Minuten das Objekt vor Ihrem geistigen Auge los. Versuchen Sie, das positive, heilsame Gefühl nach wie vor in Ihrem Körper und in Ihrem Geist wahrzunehmen. Verweilen Sie etwa 10 Minuten oder so lange, wie Sie mögen. Sollte die gute Empfindung vorher nachlassen, holen Sie sich Ihren inneren Buddha vor Ihr inneres Auge zurück, und nähren Sie so die positive Energie erneut.

Wenn es Ihnen schwerfällt, ein geistiges Bild entstehen zu lassen, können Sie sich auch direkt z. B. vor eine reale Buddha-Statue setzen und diese mit offenen Augen ganz bewusst betrachten. Schließen Sie nach einer gewissen Zeit Ihre Augen, und versuchen Sie, ein Abbild des Buddhas vor Ihrem inneren Auge zu sehen. Sie werden schnell feststellen, dass Sie mit etwas Übung jedes Objekt auch in Ihrem Inneren visualisieren können.

Beenden Sie die Übung. Lösen Sie die Handhaltung langsam, und öffnen Sie Ihre Augen. Versuchen Sie auch im Alltag, sich immer wieder einmal mit dieser heiteren Gelassenheit und dem inneren Lächeln zu verbinden.

Den Tiger beruhigen

Diese einfache bewegte Übung hilft Ihnen, auf effiziente Weise körperliche und mentale Spannungen abzubauen und überschüssige, destruktive und negative Energien loszulassen. Gleichzeitig nehmen Sie frische Energie auf, sammeln Ihre Kräfte und erfahren Klarheit, innere Ruhe und Ausgeglichenheit.

Grundübung

Nehmen Sie eine aufrechte Haltung im Stehen ein. Ihre Beine sind geschlossen. Lassen Sie die Arme entspannt seitlich am Körper herunterhängen. Ballen Sie die Hände nun zu Fäusten. Heben Sie die Fäuste auf Taillenhöhe an. Die Handrücken zeigen nach unten und die Ellbogen nach hinten. Atmen Sie bewusst tief durch die Nase ein. Führen Sie Ihre Arme langsam, aber kraftvoll horizontal nach vorn, und drehen Sie dabei die Fäuste so, dass die Handrücken am Ende der Bewegung nach oben zeigen. Atmen Sie währenddessen durch die Nase aus. Ziehen Sie Ihre Fäuste genauso achtsam neben den Körper an die Taille zurück, und atmen Sie dabei ein. Drehen Sie die Fäuste beim Zurückziehen wieder, sodass die Handrücken

nach unten zeigen. Wiederholen Sie diese Übung mindestens
9 Mal. Verweilen Sie am Ende noch ein paar Atemzüge, und lassen
Sie die Übung etwas nachwirken.

Variante 1: Viel Energie aufnehmen

Um viel Energie aufzunehmen, variieren Sie bei dieser Übung die
Geschwindigkeit. Führen Sie die Arme **langsam nach vorn,** aber
ziehen Sie sie **schnell zur Taille zurück.** Passen Sie dabei auch
Ihre Atmung an. Atmen Sie bei der Vorwärtsbewegung der Arme
langsam aus und beim raschen Zurückziehen schnell und kräftig
ein.

Variante 2: Spannungen loslassen

Um sehr viel Anspannung abzubauen, stoßen Sie die Arme **schnell nach vorn** und ziehen sie **langsam** wieder zur Taille **zurück.** Passen Sie auch hier Ihre Atmung an. Atmen Sie schnell und kraftvoll aus, wenn Sie die Fäuste wieder nach vorn stoßen, und atmen Sie langsam ein, wenn Sie die Fäuste zurückziehen. Unterstützend können Sie Ihre Ausatmung mit einem Kampfschrei begleiten. Das hilft Ihnen, noch tiefer und bewusster loszulassen. Achten Sie darauf, dass der Laut aus Ihrer inneren Mitte heraus entsteht, also aus dem Bauch und nicht aus der Kehle.

GESCHICHTE

Wie die Zeit vergeht

Ein junger Landwirt hatte eine Verabredung mit seiner Verlobten. Er erschien viel zu früh am vereinbarten Treffpunkt. Geduld war aber nicht seine Stärke, und so fiel ihm das Warten sichtlich schwer. Er ließ sich auf einer Parkbank nieder und haderte mit sich und der Welt. Ganz in Gedanken versunken nahm er weder den Duft der Blumen, das Zwitschern der Vögel, die bunten Wiesen noch die wärmenden Sonnenstrahlen oder die sanfte Brise des lauen Sommerwindes wahr.

Unbemerkt saß plötzlich ein kleiner Mann neben ihm auf der Bank und nickte zustimmend: »Oh ja, ich weiß. Warten ist so unnütz. Das macht einen wirklich ganz unruhig! Wie sinnlos es doch ist, einfach nur tatenlos rumzusitzen, da kann einem schon der Geduldsfaden reißen, und die Gelassenheit schwindet. Aber ich kann dir helfen. Schau, ich schenke dir einen ganz speziellen Knopf. Nähe ihn an deine Jacke. Jedes Mal, wenn dir langweilig ist, wenn du genervt von einer Situation bist, wenn du einfach keine Geduld mehr hast, oder wenn dir die Zeit zu langsam vergeht, dann dreh an diesem Knopf! Du springst dann in den Moment in die Zukunft, den du dir wünschst!«

Der merkwürdige Mann verschwand, noch ehe der Bauer den Knopf am Stoff befestigt hatte. Begeistert drehte der junge Mann am Knopf und siehe da, seine Liebste stand vor ihm. Sie lächelte ihn so bezaubernd an, dass er sofort beschloss, nicht noch ein halbes Jahr länger auf die Hochzeit zu warten. Und so drehte er den Knopf erneut, und sie waren verheiratet. Aber auch neun Monate auf ein Kind zu warten, erschien ihm zu lange. Er wollte das Glück sofort verspüren, und so drehte er schnell am Knopf und wurde der glückliche Vater einer gesunden Tochter. Er sprach zu seiner Frau: »Wenn nur schon unser Haus fertig gebaut wäre … die Tochter volljährig … ich im Ruhestand …!«

Ihm kamen immer wieder neue Ideen in den Sinn, und warten wollte er nicht. Und so drehte und drehte er am Knopf der Zeit, bis er auf dem Sterbebett lag. Er war so schnell ein alter Mann geworden und stellte mit Erschrecken fest, dass er mit seiner Zeit nicht gut umgegangen war. Er konnte weder etwas genießen noch sich an einem Moment erfreuen. Er hatte die Kunst der Gelassenheit und des Wartens nie gelernt. Die Zeit war wie im Fluge vergangen, und er erkannte, dass gerade die Momente der Stille, der Einkehr, der vermeintlichen Langeweile und des Wartens die wahren großen Geschenke im Leben sind. Auch sie sind es wert, bewusst und achtsam gelebt zu werden. Jetzt wollte er warten, jetzt wollte er nicht sterben, jetzt wünschte er sich die Zeit zurück! Doch es war zu spät. Seine Zeit war vorbei.

Höchste Kraft
entsteht nur dort,
wo Körper und Geist
im Einklang sind.

Ein Körper,
der Bäume ausreißt,
ist stark.
Ein Geist,
der Berge versetzt,
ist unbesiegbar.

Den Geist beruhigen

Diese Atmung besänftigt die Nerven, lässt das Gedankenkarussell zur Ruhe kommen und schenkt Ihnen inneren Frieden. Gleichzeitig zentriert Sie diese Übung, stärkt Ihre Mitte und harmonisiert Ihren Körper und Ihren Geist.

Putzen Sie Ihre Nase, und nehmen Sie eine stabile, aufrechte und bequeme Sitzhaltung ein. Halten Sie Ihre linke Hand folgendermaßen auf Ihrem linken Oberschenkel: Daumen und Zeigerfinger berühren sich und bilden einen Kreis. Der Mittelfinger, der Ringfinger und der kleine Finger sind sanft gestreckt. Die Handfläche zeigt nach oben, der Handrücken liegt entspannt auf dem Oberschenkel. Diese Handhaltung schenkt Ihnen Lebenskraft und Urvertrauen. Halten Sie die Finger Ihrer rechten Hand wie folgt: Der Mittel- und der Zeigefinger berühren die Mitte der Handfläche. Der kleine Finger, der Ringfinger und der Daumen bleiben gestreckt. Diese Handhaltung wird traditionell bei Wechselatemübungen eingenommen.

Führen Sie die rechte Hand vor Ihr Gesicht. Atmen Sie durch beide Nasenlöcher ruhig, gleichmäßig und entspannt ein. Verschließen Sie mit dem rechten Daumen das rechte Nasenloch, und atmen Sie durch das linke Nasenloch aus. Lösen Sie den Daumen, und atmen Sie erneut durch beide Nasenlöcher ein. Verschließen Sie wieder das rechte Nasenloch, und atmen Sie durch das linke aus. Wiederholen Sie den Vorgang 3 bis 10 Minuten oder mindestens 21 Atemzüge. Beenden Sie diese Atemübung, indem Sie beide Hände mit den Handflächen nach unten auf den Oberschenkeln entspannen. Verweilen Sie noch einen Moment in dieser Ruhe, und atmen Sie ganz gelassen durch beide Nasenlöcher ein und aus.

ÜBUNG

Den Kopf frei machen

Diese energetische Kopfmassage reguliert und stärkt Ihren Geist und fördert Klarheit, Bewusstheit und Lebensfreude. Ganz allgemein hilft sie bei innerer Unruhe, Müdigkeit, Stress, geistiger Überarbeitung und bei negativen Gedanken. Sie besteht aus fünf Figuren, die im Sitzen ausgeführt werden.

Ziehen Sie sich für ungefähr 15 Minuten an einen stillen Ort zurück. Achten Sie darauf, dass Sie während der gesamten Übung nicht abgelenkt werden, und schalten Sie mögliche Störquellen aus. Üben Sie auf einem Stuhl sitzend; Fortgeschrittene können die Kopfmassage auch auf einem Kissen am Boden sitzend durchführen. Wenn Sie mit dem Übungsablauf nach einer gewissen Zeit vertraut sind, können Sie die Augen während der Massage geschlossen halten. Lassen Sie Ihren Atem ruhig, natürlich und entspannt durch die Nase ein- und ausströmen.

Übungsablauf

1. Figur

Tasten Sie mit leichtem Druck der Fingerspitzen Ihren Kopf ab. Achten Sie darauf, dass Sie den ganzen Haarbereich von der Mitte nach außen und von vorn nach hinten behandeln. Massieren Sie mit den Daumen und allen Fingern den gesamten Nacken. Neigen Sie dabei den Kopf leicht nach hinten, damit die Nackenmuskulatur entspannt bleibt.

Wiederholen Sie das Ganze 3 Mal.

2. Figur

Streichen Sie mit den Fingernägeln über Ihren Kopf, als wollten Sie die Haare und die Kopfhaut kämmen. Zum Abschluss fahren Sie einmal mit den flachen Händen über Ihre Haare und den gesamten Nacken.

Wiederholen Sie alles 3 Mal.

3. Figur

Klopfen Sie sanft mit den Fingerkuppen Ihr ganzes Gesicht von der Stirn bis zum Kinn ab. Wichtig ist, dass Sie Ihre Augen auslassen. Die Handgelenke bleiben dabei ganz locker. Reiben Sie danach mit der flachen Hand 9 Mal über beide Ohren vor und zurück. Durch das starke Reiben der Ohren werden diese durchblutet und angenehm warm.

Wiederholen Sie das Ganze 3 Mal.

4. Figur

Reiben Sie auf dem gesamten Nacken mit der flachen Hand 9 Mal hin und her. Klopfen Sie sich dann mit offener Hand zuerst 9 Mal auf die linke und danach auf die rechte Schulter.

Wiederholen Sie alles wieder 3 Mal.

5. Figur

Reiben Sie sich zum Schluss 9 Mal mit beiden Handflächen Ihr Gesicht, als ob Sie sich mit einem Lappen das Gesicht waschen würden. Klopfen Sie dann mit zu lockeren Fäusten geschlossenen Händen etwa 30 bis 60 Sekunden auf die Mitte Ihres Brustbeins.

Wiederholen Sie das Ganze 3 Mal.

Schließen Sie nach der Ausführung aller 5 Figuren für ein paar Minuten die Augen, und lassen Sie die Übung nachwirken.

ÜBUNG

Verbindung der drei Energiezentren

Diese Visualisierungsübung wirkt entspannend, regenerierend und beruhigend. Zudem schützt, stärkt und energetisiert diese Technik Ihren ganzen Körper und Ihren Geist. Bei der Verbindung der drei Energiezentren können Sie aus verschiedenen Möglichkeiten und Schwierigkeitsstufen auswählen.

Zuerst erhalten Sie einen kurzen Überblick, wo sich die drei wichtigen Energiezentren in Ihrem Körper befinden. Am Anfang kann es zudem hilfreich sein, wenn Sie zur Unterstützung jeweils eine Hand oder einen Finger auf die Höhe des Energiezentrums legen. Nach ein paar Atemzügen können Sie dann die Hand bzw. den Finger wieder entspannen.

› Das obere Energiezen-
trum befindet sich in
Ihrem Körperinneren auf Höhe
der Stirn zwischen Ihren Augenbrauen.

› Das mittlere Energiezentrum
befindet sich ebenfalls in Ihrem
Körperinneren auf Höhe Ihres
Brustbeins zwischen den Brust-
warzen.

› Das untere Energiezentrum befindet sich 2 bis 3 cm unterhalb
des Bauchnabels in Ihrem Körperinneren.

Gönnen Sie sich etwas Ruhe, und ziehen Sie sich mindestens 10
bis 15 Minuten an einen Ort der Stille zurück. Nehmen Sie eine
aufrechte und stabile Haltung im Sitzen ein. Sollten Sie sich einmal nicht so wohlfühlen oder krank sein, können Sie diese Übung
auch sehr gut im Liegen durchführen.

Grundübung

Schließen Sie die Augen, und nehmen Sie eine Meditationsgeste Ihrer Wahl ein. Lenken Sie Ihre Aufmerksamkeit auf das
untere Energiezentrum. Halten Sie Ihre Konzentration für
ein paar Atemzüge dort. Lenken Sie danach Ihre Aufmerksamkeit auf das mittlere und zuletzt auf das obere Energiezentrum. Verweilen Sie jeweils ein paar Minuten, atmen
Sie bewusst, und versuchen Sie, Ihre Konzentration auf das
jeweilige Energiezentrum entspannt aufrechtzuerhalten.
Wenn Sie die Zentren als Licht oder mittels einer Linie visu-
alisiert haben (siehe Varianten), lassen Sie die Visualisierung
los, und entspannen Sie sich.

TIPP

Sie können die einzelnen Variationen auch miteinander verbinden. So können Sie sich zum Beispiel alle drei Energiezentren zur gleichen Zeit (Variante 3) und in hellem, weißem Licht (Variante 2) vorstellen. Oder Sie atmen durch alle Energiezentren (Variante 1 und Variante 3) zur selben Zeit.

LASSEN SIE SICH ZEIT.
Mit etwas Training sind Sie mit der Grundtechnik und den einzelnen Variationen so vertraut, dass Sie sie frei wählen und kombinieren können.

Variante 1

Bei dieser Variante lenken Sie nicht nur Ihre Konzentration auf das jeweilige Energiezentrum, sondern Sie versuchen auch ganz bewusst, in das Zentrum hinein- beziehungsweise durch das Zentrum hindurchzuatmen.

Variante 2

Hier halten Sie nicht nur die Aufmerksamkeit auf das Energiezentrum, sondern Sie stellen sich vor Ihrem geistigen Auge vor, wie Sie helles, weißes Licht in das Energiezentrum hineinprojizieren.

Variante 3

Versuchen Sie, die Konzentration gleichzeitig auf alle drei Energiezentren zu lenken. Verbinden Sie sie dazu vor Ihrem inneren Auge mit einer vertikalen Linie.

GESCHICHTE

Die Zügel aus der Hand geben

Es war einmal vor langer Zeit, als ein alter Mann auf einer verlassenen Landstraße von einem Dieb überfallen wurde. Der Räuber nahm dem Mann alles Geld ab und tauschte auch gleich sein altes, schwaches Pferd gegen das gesunde und starke Pferd des alten Mannes ein. Ohne aufzubegehren ließ der Alte den Dieb ziehen. Dann setzte er sich ruhig auf den alten Gaul, ließ die Zügel los und wartete. Es dauerte nicht lange, da trottete das Pferd los und lief den gewohnten Weg zurück in seinen Stall. Der alte Mann befreite sein eigenes Pferd, das bereits im Stall des Räubers festgebunden war, und ritt in der Abenddämmerung lächelnd fort.

Wenn Wissen im Einklang
mit dem natürlichen Wesen steht,
ist Weisheit die Folge.

Yin Yang

Diese einfache, schöne und harmonische bewegte Übung erdet und zentriert Sie. Sie verbindet die Kopf- und die Bauchenergie miteinander und schafft eine ausgewogene Balance der inneren Kräfte. Die langsam und fließend ausgeführte Bewegung mit den Armen lässt ein ruhiges, angenehmes und klares Umfeld entstehen. Der tiefe Stand fördert Stabilität, Sicherheit und Stärke.

Nehmen Sie die Reiterhaltung im Stehen ein, und stehen Sie breitbeinig. Beugen Sie Ihre Knie so weit wie möglich, im Idealfall so weit, dass sich Ihre Oberschenkel parallel zum Boden befinden. Wenn es Ihnen leichter fällt, können Sie die Füße etwas nach außen öffnen. Achten Sie aber darauf, dass Ihre Knie immer in Richtung Ihrer Zehen zeigen. Halten Sie den Oberkörper aufrecht. Schieben Sie das Becken leicht nach vorn. Damit verhindern Sie, dass Sie ins Hohlkreuz kippen. Halten Sie Ihre rechte Hand über Ihren Kopf, die Handfläche zeigt nach oben zum Himmel. Halten Sie Ihre linke Hand auf der Höhe des Unterbauchs, 2 bis 3 cm unterhalb Ihres Bauchnabels. Die Handfläche zeigt nach unten zur Erde. Beide Hände berühren den Körper nicht. Verweilen Sie ein paar Atemzüge in dieser Position.

Wechseln Sie mit der nächsten Einatmung die Position Ihrer Arme.
Strecken Sie dazu die Arme aus, und bewegen Sie sie über die Seite in die andere Position. Ihre linke Hand ruht nun über dem Kopf
und die rechte vor dem Unterbauch. Mit jedem Atemzug wechseln Sie dann die Handhaltung. Wiederholen Sie diese Übung mindestens 12 Mal. Entspannen Sie nach dem letzten Mal Ihre Arme
seitlich am Körper, und nehmen Sie eine aufrechte Haltung im Stehen ein. Ihre Beine sind dabei geschlossen. Spüren Sie noch einen
Moment nach.

Die Freude einladen

Diese Übung stärkt Ihr Selbstvertrauen, verleiht Ihnen Zuversicht, innere Stärke und Furchtlosigkeit. Die spezielle Handhaltung öffnet die Energie Ihres Herzens und fördert heitere Gelassenheit, Ruhe und inneren Frieden in Ihrem Geist.

Sie können diese Übung im Sitzen oder Stehen praktizieren. Halten Sie Ihre Hände folgendermaßen. Kreuzen Sie Ihre Unterarme vor Ihrer Brust, der linke Arm liegt oberhalb. Legen Sie die Fingerkuppen von Mittelfinger, Ringfinger und Daumen aneinander, die Finger bilden dabei einen Kreis. Verhaken Sie dann zuerst die kleinen Finger miteinander, danach die Zeigefinger. Platzieren Sie Ihre Hände auf der Höhe Ihres Herzens, und entspannen Sie Ihre Schultern und Ihre Ellbogen. Schließen Sie die Augen, entspannen Sie Ihr Gesicht, und lassen Sie Ihren Atem ganz natürlich und frei durch die Nase ein- und ausströmen.

Lenken Sie jetzt Ihre Aufmerksamkeit auf ein inneres Bild, ein Objekt, eine Person, eine Eigenschaft oder auf eine Begebenheit, die Sie erfreut, Ihr Herz positiv beeinflusst und Ihre Herzenergie stärkt. Richten Sie Ihren Geist auf das Gute, das Schöne und das Starke in sich aus. Laden Sie ganz bewusst die Freude ein. Nehmen Sie wahr, wie das innere Bild auch Ihren Körper beruhigt und Sie sich glücklich und zufrieden fühlen. Wenn Sie diese Energie aufrechterhalten können, lösen Sie sich von dem Objekt. Erkennen Sie, dass die Freude bei Ihnen bleibt und dass sie unabhängig von äußeren Einflüssen ist. Verweilen Sie in dieser positiven Grundhaltung 10 bis 15 Minuten oder so lange, wie Sie mögen.

Die »Haaaa«-Atmung

Diese sehr einfache Atemübung löst innere Anspannungen und hilft Ihnen, auf körperlicher und geistiger Ebene loszulassen. Der Atem verbindet Körper und Geist. Gerade der Fokus auf der Ausatmung liefert Ihnen die Kraft, sich bewusst von emotionalen und physischen Verspannungen zu befreien und sich im wahrsten Sinne des Wortes hinzugeben oder fallen zu lassen.

Auch diese Übung können Sie entweder im Sitzen oder im Stehen ausführen. Ziehen Sie sich für ein paar Minuten an einen ruhigen Ort zurück. Nehmen Sie eine aufrechte und stabile Haltung ein, und schließen Sie Ihre Augen. Beobachten Sie für ein paar Atemzüge ganz gelassen Ihre Atmung, und finden Sie zu körperlicher und geistiger Ruhe.

Atmen Sie tief durch die Nase ein. Atmen Sie dann langsam und bewusst durch den leicht geöffneten Mund aus. Begleiten Sie Ihre Ausatmung, die länger dauern soll als Ihre Einatmung, mit einem sanften »Haaaa«-Laut. Das Geräusch, das Sie entstehen lassen, klingt so, als würden Sie einen Spiegel anhauchen. Ihre Kehle bleibt dabei ganz locker. Lassen Sie beim Ausatmen jegliche körperliche und mentale Anspannung los. Sie können mit jedem Atemzug spüren, wie Körper und Geist ruhiger, leichter und freier werden.

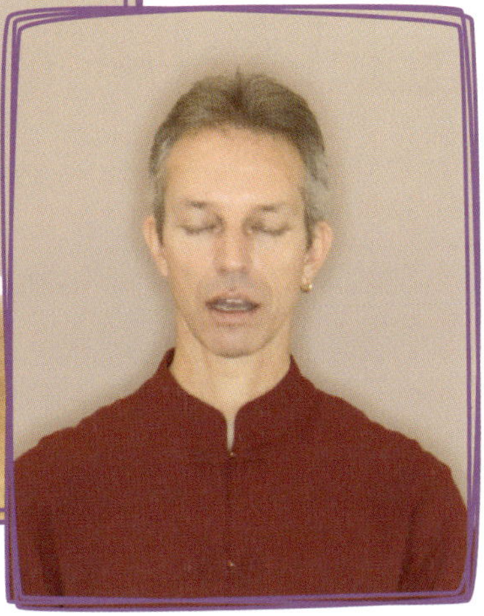

Wiederholen Sie die »Haaaa«-Atmung« mindestens 3 Mal nacheinander. Machen Sie dann eine kurze Pause von 3 normalen Atemzügen, bei denen Sie ganz natürlich durch die Nase ein- und ausatmen.

Wiederholen Sie den ganzen Ablauf mindestens noch 2 Mal.

Frieden auffüllen und Liebe umhüllen

Diese stille, geistige Ausrichtung schenkt Ihnen inneren Frieden, Ausgleich und Entspannung. Sie lässt Sie in die heilsame Kraft und Energie der Verbundenheit, der Hingabe und des Gleichmuts eintauchen.

Suchen Sie einen Ort auf, an dem Sie für einige Zeit ungestört verweilen können. Nehmen Sie eine stabile, aufrechte und bequeme Sitzhaltung ein. Schließen Sie die Augen. Entspannen Sie Ihren Bauch, Ihre Schultern und Ihr Gesicht, und nehmen Sie die folgende Meditationsgeste ein: Kreuzen Sie Ihre Unterarme nahe den Handgelenken, der linke Arm liegt oberhalb. Legen Sie beide Handflächen in Höhe der Brust entspannt auf Ihren Oberkörper. Die Finger sind gestreckt und liegen aneinander. Diese Handhaltung schenkt Ihnen inneren Frieden und innere Ruhe. Richten Sie Ihre Aufmerksamkeit ganz natürlich auf Ihre Atmung. Nehmen Sie entspannt und natürlich wahr, wie Sie ruhig und gelassen ein- und ausatmen.

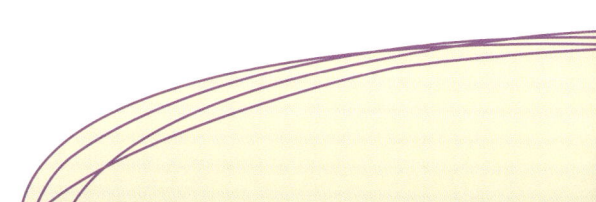

Begleiten Sie jetzt Ihre Einatmung gedanklich mit dem Wort »Frieden«. Sie können wahrnehmen, wie Sie sich mit Frieden auffüllen. Folgen Sie Ihrer Ausatmung mit dem Wort »Liebe«. Nehmen Sie wahr, wie Sie sich mit Liebe umhüllen. Bleiben Sie mindestens 10 Minuten in dieser stillen, wohltuenden und heilsamen Betrachtung. Schenken Sie sich selbst Frieden und Liebe. Genießen Sie diese Energie der Klarheit, der Stärke und des Vertrauens.

Erkenne die Wahrheit
der gegenseitigen Abhängigkeit.

Es macht einen Unterschied

Eines schönen Sommerabends an einem abgelegenen Strand in Südostasien beobachtete eine junge Frau eine ältere Dame aus der Ferne. Sie sah, wie sich die Dame bückte, etwas aufhob und ins Meer warf. Diesen Vorgang wiederholte die alte Frau unentwegt. Neugierig ging die junge Frau auf die Dame zu und erkannte, dass diese Seesterne, die bei Ebbe gestrandet waren, wieder zurück ins Wasser warf, um sie vor dem Austrocknen und dem sicheren Tod zu retten.

Die junge Frau blieb stehen und erkundigte sich bei der engagierten Dame: »Warum tun Sie das? Das macht doch keinen Sinn! Erstens können Sie nie alle Seesterne retten, und zweitens geschieht dasselbe immer wieder – und zwar nicht nur hier, sondern an allen Küsten dieser Welt! Sie machen sich viel zu viel Mühe und Arbeit, die Tiere zu retten. Sehen Sie doch ein, dass Sie keinen Unterschied bewirken können!« Die Dame hob ihren Kopf und lächelte: »Es gibt einen Unterschied: nämlich genau für diesen Seestern hier!« Sie hob das Tier auf und warf es zurück ins Meer.

Das Potenzial entdecken

Diese Technik hilft Ihnen, sich auf eine einfache und wirkungsvolle Art zu zentrieren. Sie verbindet die linke und die rechte Hirnhälfte miteinander und lässt sie ganzheitlich zur Ruhe kommen. Die Handhaltung unterstützt die innere Sammlung und hilft, Gegensätze zu überwinden. Zudem werden die großen Tugenden Dankbarkeit, Demut, Respekt und Mitgefühl auf eine besinnliche Art und Weise gefördert und vertieft.

Sie können diese Übung im Sitzen oder im Stehen durchführen. Legen Sie Ihre Handflächen auf der Höhe Ihres Herzens vor dem Brustbein zusammen. Die Finger sind sanft gestreckt und zeigen nach oben. Diese Handhaltung schenkt Ihnen Dankbarkeit, Demut, Respekt und Mitgefühl. Schließen Sie Ihre Augen, entspannen Sie Ihre Schultern und Ihr Gesicht. Atmen Sie ruhig und natürlich durch die Nase ein und aus.

Nehmen Sie die Berührung Ihrer Finger wahr. Spüren Sie die Verbindung zwischen den kleinen Fingern, den Ringfingern, den Mittelfingern, den Zeigefingern und den Daumen. Nehmen Sie dann die Berührung der Daumenballen und der Handballen wahr.

Nehmen Sie auch ganz achtsam den Hohlraum zwischen den Handflächen wahr, in der Mitte, dort, wo Ihre Hände sich nicht berühren. Versuchen Sie, sich mit diesem leeren Raum, der für Ihre Möglichkeiten, Ihr Potenzial und Ihre Freiheit steht, sowohl über die Atmung als auch mit Ihrem Geist zu verbinden.

Halten Sie Ihre Aufmerksamkeit mindestens 5 Minuten oder so lange, wie Sie mögen. Beenden Sie diese Übung mit einer leichten Verneigung als Zeichen Ihrer Dankbarkeit und Ihrer Wertschätzung sich selbst gegenüber.

Der Bambus im Wind

Diese einfache bewegte Übung bringt Sie in Ihr inneres Gleichgewicht zurück. Sie schult Ihre Konzentrationsfähigkeit und lässt Sie in die Achtsamkeit des Moments eintauchen. Körper und Geist werden über die Atmung und die sanfte Körperbewegung wieder miteinander verbunden, und die Energien von Kopf und Bauch werden harmonisch ausgeglichen.

Nehmen Sie eine aufrechte Haltung im Stehen ein. Ihre Beine sind geschlossen. Legen Sie Ihre Handflächen auf dem Unterbauch übereinander, etwa 2 bis 3 cm unterhalb Ihres Bauchnabels. Frauen halten die linke Hand über der rechten, Männer die rechte Hand über der linken. Lenken Sie Ihre Aufmerksamkeit auf Ihre ruhige und natürliche Atmung. Entspannen Sie Ihr Gesicht und Ihre Schultern. Verweilen Sie für ein paar Atemzüge in dieser neutralen Haltung.

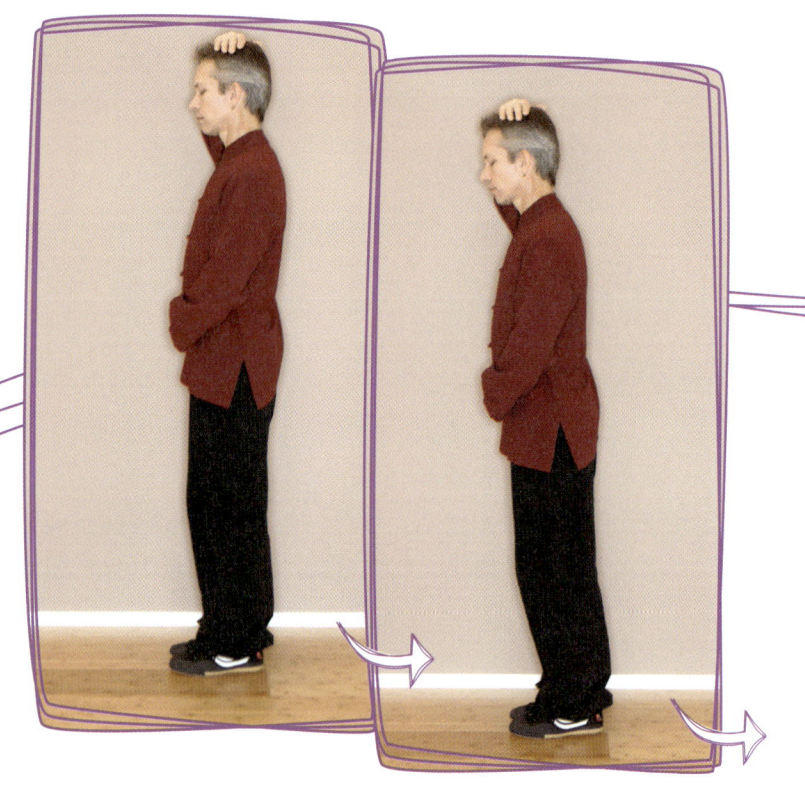

Beginnen Sie, beim Einatmen Ihr Gewicht nach vorn zu verlagern. Wiegen Sie sich beim Ausatmen wieder in die neutrale Mitte zurück. Schaukeln Sie weiter in Ihrem Atemrhythmus sanft vor und in die Mitte zurück. Gedanklich können Sie sich einen Bambus im Wind vorstellen, der sanft nach vorn und zurückschwingt. Schaukeln Sie mindestens 9 Mal vor und zurück. Legen Sie dann die obere Hand auf Ihren Scheitel in der Mitte Ihres Kopfes. Die andere Hand bleibt auf dem Unterbauch. Schaukeln Sie nun auch in dieser Position im Fluss mit Ihrem Atem vor und zurück.

Achten Sie darauf, dass Ihr Körper während der Schaukelbewegung immer entspannt aufrecht bleibt, d.h., Ihr Körper bildet eine gerade Linie von den Füßen bis zum Kopf. Wiegen Sie sich mindes-

TIPP

Geübte
können die Augen
während der gesamten
Übung geschlossen
halten.

tens 9 Mal vor und in die Mitte zurück. Wechseln Sie dann Ihre Handhaltung. Legen Sie die Hand, die auf Ihrem Kopf war, auf den Unterbauch und die andere Hand auf den Kopf. Wiederholen Sie die Schaukelübung ebenfalls mindestens 9 Mal im Einklang mit Ihrer Atmung.

Lassen Sie Ihre Arme entspannt seitlich am Körper herunterhängen. Ihr Gewicht ruht wieder in der Mitte. Spüren Sie noch einen Moment der Stille nach.

Fülle und Leere wahrnehmen

Diese Übung zur Atembeobachtung lässt Sie körperlich und gedanklich zur Ruhe kommen. Sie hilft Ihnen, loszulassen, sich zu entspannen und neue Kraft zu tanken.

Gönnen Sie sich einen Moment der Ruhe, und schalten Sie mögliche Störquellen aus. Nehmen Sie eine stabile und aufrechte Haltung im Sitzen ein, und halten Sie Ihre Hände wie folgt: Daumen und Zeigefinger bilden einen Kreis. Die kleinen Finger, die Ring- und die Mittelfinger sind sanft gestreckt. Legen Sie Ihre Hände mit den Handflächen nach unten nahe den Knien auf Ihre Oberschenkel. Diese Handstellung schenkt Ihnen Bewusstheit und Klarheit und verbindet Sie mit den licht- und kraftvollen Eigenschaften Ihrer wahren Natur. Schließen Sie Ihre Augen, entspannen Sie Ihr Gesicht und Ihre Schultern. Lenken Sie Ihre Aufmerksamkeit auf Ihre natürliche Atmung. Nehmen Sie wahr, wie Sie durch die Nase ein- und ausatmen. Greifen Sie nicht in Ihren natürlichen Atemfluss ein, und bleiben Sie in der reinen Wahrnehmung dessen, was gerade geschieht.

Sie erkennen, dass es eine Einatmung gibt. Sie erkennen, dass es eine Ausatmung gibt. Nach ein paar Atemzügen vertiefen Sie

Ihre Beobachtung und können feststellen, dass es nach der vollständigen Einatmung eine Pause in der Fülle gibt. Nach einigen weiteren Atemzügen nehmen Sie auch wahr, dass es nach der vollständigen Ausatmung eine Pause in der Leere gibt.

Mit jedem Atemzug sind Sie sich jetzt der vier Phasen des Atems bewusst: einatmen, Atemfülle, ausatmen, Atemleere. Erlauben Sie sich, so lange in den Pausen, also in der Fülle und in der Leere zu verweilen, wie Sie möchten. Achten Sie aber unbedingt darauf, dass Sie nicht außer Atem kommen. Die Ausdehnung, die Erweiterung der Fülle und der Leere geschieht ganz natürlich, indem Sie die Gelassenheit entwickeln, Ihr ganzes Potenzial beim Atmen zu nutzen. Entscheidend ist, dass Sie wirklich komplett einatmen und auch vollständig ausatmen.

Stehen wie ein Baum

Diese stille Übung fördert Ihren Durchhaltewillen und unterstützt Ihre Persönlichkeit. Sie stärkt Ihre Essenz und schenkt Ihnen Stabilität, Erdung und Verwurzelung. Zudem wirkt Sie beruhigend auf das Nervensystem und hilft, körperlich und geistig loszulassen.

Nehmen Sie eine stabile und sichere Haltung im Stehen ein. Ihre Füße stehen parallel zueinander auf Schulterbreite. Ihre Knie sind leicht gebeugt, sodass die Kniekehlen entspannen können. Lösen Sie das Hohlkreuz, indem Sie Ihr Becken ganz sanft und leicht nach vorn schieben. Ihr ganzer Rücken ist jetzt gerade, und die natürliche Doppel-S-Krümmung ist für diese Übung aufgehoben. Legen Sie Ihre Handflächen auf dem Unterbauch übereinander. Frauen halten die linke Hand oben, Männer die rechte Hand. Schließen Sie die Augen, entspannen Sie das Gesicht, die Schultern und den Bauch. Lassen Sie Ihren Atem frei durch die Nase ein- und ausströmen.

Wenn Sie körperlich und geistig ganz im Moment, in der Gegenwart, angekommen sind, heben Sie Ihre Arme auf Brusthöhe an. Stellen Sie sich vor, wie Sie einen großen Ball vor Ihrem Oberkörper halten. Ihre Handflächen zeigen zum Körper, Ihre Finger zueinander, sie berühren sich aber nicht. Halten Sie diese Position, ohne sich zu bewegen. Wenn Sie muskuläre Spannungen wahrnehmen, versuchen Sie, diese immer wieder loszulassen, indem Sie Ihre Muskulatur entspannen, ohne aber die Haltung der Arme zu verändern. Wenden Sie bewusst nur so viel Kraft auf, wie tatsächlich nötig ist, also gerade genug, um Ihre Position korrekt zu halten. Achten Sie auf eine ruhige und natürliche Atmung. Lassen Sie die Gedanken wie Wolken am Himmel vorbeiziehen, und bleiben Sie unberührt.

Verweilen Sie 3 bis 5 Minuten oder so lange, wie Sie mögen. Senken Sie dann Ihre Arme ganz behutsam neben Ihren Körper. Spüren Sie einen Moment nach. Sammeln Sie Ihre Energie. Legen Sie dazu Ihre Hände wieder auf den Unterbauch. Bewegen Sie die Hände 9 Mal im Uhrzeigersinn in einem faustgroßen Kreis auf Ihrem Bauch, danach kreisen Sie 9 Mal in die andere Richtung. Öffnen Sie erst dann Ihre Augen.

GESCHICHTE

Der Skorpion

Eine Zen-Meisterin saß am Ufer eines Flusses und meditierte. Als sie ihre Augen öffnete, sah sie einen hilflosen kleinen Skorpion im Wasser treiben, der um sein Leben kämpfte. Die Meisterin griff nach einem kleinen Zweig und streckte ihn dem Tier entgegen, um es vor dem Ertrinken zu retten. Kaum hatte sie die Hand im Wasser, stach der Skorpion zu. Schnell zog die Meisterin die Hand zurück. Sie brauchte einen Moment, bis sie sich von dem Schrecken und dem Stich erholt hatte und ihre Balance wiederfand. Erneut hielt sie dem zappelnden Tier das rettende Stückchen Holz entgegen, und wieder stach der eingeschüchterte, um sein Leben ringende Skorpion zu. Dieses Mal schwoll die Hand der Meisterin an und schmerzte stark. Eine junge Schülerin hatte das Geschehen beobachtet und meinte etwas verwirrt: »Meisterin, bitte hör auf damit. Das Tier ist gefährlich und giftig. Es kann dich töten! Kein normaler Mensch käme auf die Idee, dieser undankbaren Kreatur das Leben zu retten!« Die Meisterin hob den Kopf und sagte mit klarer und ruhiger Stimme zu ihrer Schülerin: »Es ist die Natur des Skorpions, zuzustechen! Und es ist meine Natur, alle Lebewesen zu bewahren!«

Verantwortung beginnt mit
deinen Antworten.

Das Kraftwort »Jetzt«

Diese ganz einfache Übung können Sie jederzeit und überall in Ihrem Alltag einbauen und anwenden. Sie bringt Sie sofort in die Gegenwart, in den Moment zurück – dorthin, wo Ihr Leben stattfindet. Nur im Hier und Jetzt haben Sie Zugang zu Ihrer ganzen Kraft. Es sind immer Gedanken an die Zukunft, die Sie beunruhigen, ängstigen oder verunsichern. Und es sind Gedanken an die Vergangenheit, die Sie betrüben, traurig oder wütend stimmen. Das Kraftwort »Jetzt« bringt Sie in den Augenblick zurück, den einzigen Ort, wo Sie die Möglichkeit zur schöpferischen Handlung in Ihrem Leben haben. Veränderung findet immer nur in der Gegenwart statt, und genau mit dieser Energie verbinden Sie sich. Nur wenn Sie sich wirklich bewusst sind, was Sie im Jetzt denken, wie Sie sich fühlen und was Sie gerade tun, können Sie Einfluss nehmen und Ihr Denken, Ihr Fühlen und Ihre Handlungen entsprechend Ihren Wünschen anpassen

und verändern. Bei dieser Übung geht es nicht um Bewertung, sondern immer nur um eine Ist-Aufnahme, um die Wahrnehmung und die Achtsamkeit für den Augenblick. Was geschieht gerade? Wo sind Sie mit Ihren Gedanken? Wie fühlen Sie sich? Mit was beschäftigen Sie sich genau in diesem Moment?

Je mehr Bewusstheit Sie erlangen, desto schneller können Sie eingreifen, wenn Ihnen ein Gedanke, ein Gefühl oder eine Handlung nicht passt. Sie lernen, neue Ursachen für neue Wirkungen zu setzen. Denn es steht Ihnen jederzeit frei, anders zu denken, anders zu fühlen und anders zu handeln. Gerade negative, schädliche und unheilsame Gewohnheitsmuster benötigen die Achtsamkeit im Moment, damit Sie ihnen mit der nötigen Klarheit und Einsicht begegnen können. Im Gegenzug sollten Sie Ihre positiven, heilsamen und förderlichen Eigenschaften und Tugenden stärken. Die Übung »JETZT« hilft Ihnen dabei, diesen Unterschied zu erkennen.

....

Halten Sie dort, wo Sie sich gerade befinden, inne, und achten Sie darauf, was Sie hier und jetzt – in diesem Moment, genau in diesem Augenblick – gerade denken, fühlen und tun.

Welche Gedanken haben Sie in diesem Moment? Antworten Sie mit Sätzen, die mit »JETZT« beginnen: »Jetzt denke ich …«

Welche Gefühle haben Sie in diesem Moment? Antworten Sie mit Sätzen, die mit »JETZT« beginnen: »Jetzt fühle ich …«

Welche Tätigkeiten führen Sie in diesem Moment aus? Antworten Sie mit Sätzen, die mit »JETZT« beginnen: »Jetzt mache ich …«

ÜBUNG

Das innere Licht

Diese stille Übung schenkt Ihnen Bewusstsein und Klarheit. Sie lässt Ihren Geist erstrahlen und fördert Leichtigkeit und Gelassenheit. Sie verbindet Sie mit dem Heilsamen und Positiven in Ihnen.

Nehmen Sie Ihre bevorzugte Haltung im Sitzen und eine Meditationsgeste Ihrer Wahl ein. Kommen Sie körperlich und geistig zur Ruhe. Lassen Sie Ihren Atem frei und natürlich durch die Nase ein- und ausströmen. Richten Sie Ihre Aufmerksamkeit auf ein Licht. Das kann die Sonne sein, eine Lampe, ein Lichtstrahl oder der Schein einer Kerze. Beobachten Sie für ein paar Atemzüge dieses Licht. Schließen Sie dann Ihre Augen, und versuchen Sie, das Licht auch in Ihrem Inneren wahrzunehmen. Füllen Sie Ihren Geist und Ihr gesamtes

Wesen mit dem hellen Licht auf. Ihr Bewusstsein ist rein, klar und hell. Verweilen Sie 5 bis 10 Minuten in dieser positiven Geisteshaltung. Wenn Sie spüren, dass das Licht schwächer wird, Sie aber noch etwas länger meditieren wollen, öffnen Sie erneut die Augen, und verbinden Sie sich wieder mit der Lichtquelle. Danach können Sie Ihre Augen wieder schließen und das Licht im Inneren erstrahlen lassen.

Nehmen Sie diese Klarheit, das innere Licht, die Liebe und die Freude mit in Ihren Alltag oder in Ihren Schlaf, wenn Sie die Übung vor dem Zu-Bett-Gehen praktizieren.

GESCHICHTE

Verändere dich

Ein Zen-Schüler beklagte sich bei seinem Meister über die anderen Menschen. Er war sehr frustriert, weil kein Frieden herrschte, die Leute hässliche Dinge zueinander sagten, sich unsägliches Leid zufügten und jeder nur nach seinem Glück und Reichtum trachtete. Der Meister hörte dem Schüler aufmerksam zu und erwiderte: »Du kannst die Menschen nicht ändern. Wenn du wahren Frieden finden möchtest, musst du dich selbst ändern. Du kannst nicht die ganze Welt mit einem Teppich verkleiden, aber du kannst sehr wohl deine Füße mit Schuhen schützen!«

Es spielt keine Rolle,
ob du glaubst, etwas zu können,
oder ob du glaubst,
etwas nicht zu können.
Du hast immer recht.

Herzmassage

Diese einfache Massage stärkt die Energie Ihres Herzens und beeinflusst Ihren Geist positiv. Sie besteht aus zwei Figuren, die Ihnen innere Ruhe, Freude und Gelassenheit schenken.

Sie können diese Übung im Stehen oder auf einem Stuhl sitzend praktizieren. Wenn Sie im Sitzen üben, achten Sie auf eine stabile und aufrechte Haltung Ihres Oberkörpers. Stellen Sie Ihre Füße flach auf den Boden. Auch im Stehen nehmen Sie eine stabile und sichere Haltung ein. Ihre Füße stehen parallel zueinander auf Schulterbreite. Ihre Knie sind leicht gebeugt, sodass die Kniekehlen entspannen können. Lösen Sie das Hohlkreuz, indem Sie Ihr Becken ganz sanft und leicht nach vorn schieben. Ihr ganzer Rücken ist jetzt gerade, und die natürliche Doppel-S-Krümmung ist für diese Übung aufgehoben.

1. Figur

Legen Sie beide Hände auf Ihrem Unterbauch übereinander, etwa 2 bis 3 cm unter Ihrem Bauchnabel. Bei Frauen liegt die linke Hand oben, bei Männern die rechte Hand. Beschreiben Sie 18 Mal einen kleinen Kreis im Uhrzeigersinn. Die Mitte Ihrer Handflächen geht dabei nicht unter das Schambein und auch nicht über den Bauchnabel hinaus. Die ganze Hand – außer die Mitte der Handfläche – berührt dabei sanft und achtsam Ihren Körper. Wechseln Sie nun die Drehrichtung, und kreisen Sie 18 Mal entgegen dem Uhrzeigersinn auf Ihrem Unterbauch. Halten Sie dann für einen Moment inne. Ihre Hände ruhen sanft auf dem Unterbauch. Atmen Sie ein paar Mal achtsam ein und aus.

Wiederholen Sie diese Figur mindestens 3 Mal. Ihr Atem fließt währenddessen leicht, ruhig und natürlich durch die Nase ein und aus. Sie können die Augen offen oder geschlossen halten. Achten Sie auf entspannte Gesichtszüge und lockere Schultern.

2. Figur

Legen Sie beide Hände in glei-cher Weise über Ihrem Herzen übereinander. Auch hier liegt bei Frauen die linke Hand oben und bei Männern die rechte Hand. Beschreiben Sie 12 Mal einen klei-nen, etwa faustgroßen Kreis im Uhrzeigersinn. Die ganze Hand – außer die Mitte der Handfläche – berührt dabei sanft und achtsam Ihren Körper. Wechseln Sie die Drehrichtung, und kreisen Sie weitere 12 Mal andersherum über Ihrem Herz. Halten Sie für einen Moment inne. Ihre Hände ruhen sanft auf dem Herzen. Atmen Sie ein paar Mal achtsam ein und aus.

Wiederholen Sie auch diese Figur mindestens 3 Mal. Ihr Atem fließt während der gesamten Übung leicht, ruhig und natür-lich durch die Nase ein und aus. Sie können die Augen offen oder geschlossen halten. Achten Sie auf entspannte Gesichts-züge und lockere Schultern.

Bringen Sie die Hände zum Abschluss wieder auf Ihrem Unterbauch zusammen. Verweilen Sie noch ein paar Atemzüge in stiller
Achtsamkeit, und genießen Sie den Fluss Ihrer Herzenergie. Öffnen Sie dann langsam Ihre Augen, und entspannen Sie Ihre Arme
seitlich am Körper.

ÜBUNG

Die Kraft der vier großen Tugenden

Diese wundervolle Art der Meditation ist sehr kraftvoll und heilsam. Die Atmung dient Ihnen als Brücke zwischen Körper und Geist. Mit der Einatmung schenken Sie sich eine heilsame Tugend – Gleichmut, Mitfreude, Mitgefühl und liebende Güte – und lassen mit der Ausatmung alles los, was Sie daran hindert, in diese starke und positive Energie zu kommen. Diese vier unermesslichen Tugenden bilden das Fundament für inneren Frieden, Selbstvertrauen und Lebensfreude.

Ziehen Sie sich 10 bis 15 Minuten an einen stillen Ort zurück. Nehmen Sie Ihre bevorzugte Sitzhaltung für die Meditation ein. Schließen Sie Ihre Augen, entspannen Sie Ihre Gesichtsmuskulatur, Ihre Schultern und Ihren Bauch. Achten Sie auf eine aufrechte Haltung Ihres Oberkörpers und auf einen stabilen und sicheren Stand Ihrer Beine und Füße. Nehmen Sie eine Meditationsgeste Ihrer Wahl ein. Lenken Sie Ihre Aufmerksamkeit entspannt auf Ihre Atmung. Lassen Sie Ihren Atem ganz natürlich durch die Nase ein- und ausströmen.

Verweilen Sie ein paar Atemzüge in dieser Stille, bevor Sie mit der Ausrichtung auf die vier großen geistigen Tugenden beginnen.

Wenn Sie sich zentriert und ruhig genug fühlen, beginnen Sie mit den vier Ausrichtungen. Starten Sie mit der 1. Ausrichtung, und wiederholen Sie die beiden Sätze so oft, wie Sie mögen. Ich finde es sehr schön, mit einer buddhistischen Gebetskette, einer Mala, zu meditieren. Die kleinen Malas haben je nach Ausführung um die 18 Perlen. Ich bleibe dann eine Runde, also 18 Perlen lang, bei der 1. Ausrichtung, bevor ich zur 2. Ausrichtung übergehe, die ich wieder eine Runde lang praktiziere. Selbstverständlich können Sie aber auch so lange in einer Ausrichtung verweilen, bis Sie das Gefühl haben, einen Schritt weitergehen zu wollen. Bleiben Sie nach der letzten Ausrichtung noch einen Moment in der Stille, und beobachten Sie nur Ihre Atmung.

1. Ausrichtung

Einatmend schenke ich mir Gleichmut.
Ausatmend lasse ich alles los, was mich daran hindert, mutig und voller Vertrauen zu sein.

2. Ausrichtung

Einatmend schenke ich mir Mitfreude.
Ausatmend lasse ich alles los, was mich daran hindert, teilen zu können und glücklich zu sein.

3. Ausrichtung

Einatmend schenke ich mir Mitgefühl.
Ausatmend lasse ich alles los, was mich daran hindert, einfühlsam und anteilnehmend zu sein.

4. Ausrichtung

Einatmend schenke ich mir liebende Güte.
Ausatmend lasse ich alles los, was mich daran hindert, freundlich und wohlwollend zu sein.

Weisheit ist die Kunst,
das Richtige im richtigen
Moment zu tun.

GESCHICHTE

Der verlorene Schlüssel

Es war schon spät, als ein Mann seine Schlüssel auf dem Gehweg suchte. Er hatte sie auf dem Nachhauseweg verloren, konnte sie aber einfach nicht finden und suchte deshalb unentwegt weiter. Seine Geschäftigkeit zog die Nachbarn aus ihren Häusern, die bereitwillig bei der Suche nach den Schlüsseln mithalfen. Aber auch mit vereinten Kräften konnten sie die Schlüssel nicht finden. Eine Frau erkundigte sich, ob er sich nicht ungefähr daran erinnern könne, wo er die Schlüssel verloren habe. »Doch, doch!«, sprach der Mann und zeigte ohne Zögern zur anderen Straßenseite in eine dunkle Ecke nahe einem alten Haus. »Warum, um Himmels willen, suchen wir dann hier?«, rief ein erboster Nachbar laut. Der Mann erwiderte: »Weil es hier hell ist.«

Fliegen wie ein Adler

Diese harmonische Übung schenkt Ihnen ein wunderbares Gefühl der Freiheit und der Leichtigkeit. Auf sehr sanfte Art wird Ihr Energiefluss angeregt, und körperliche und geistige Blockaden werden gelöst. Sie finden in Ihr stabiles Gleichgewicht und zu Ihrer inneren Mitte zurück. Das Gefühl der Einheit und der Verbundenheit lässt Sie eine tiefe innere Ruhe und Stärke erfahren.

Nehmen Sie eine sichere und stabile Haltung im Stehen ein. Ihre Füße stehen parallel zueinander auf Schulterbreite. Ihre Knie sind leicht gebeugt, sodass die Kniekehlen entspannen können. Lösen Sie das Hohlkreuz, indem Sie Ihr Becken leicht nach vorn schieben. Ihr ganzer Rücken ist jetzt gerade, und die natürliche Doppel-S-Krümmung ist für diese Übung aufgehoben. Lassen Sie Ihre Arme locker und entspannt neben dem Körper hängen. Kommen Sie für einen Moment ganz im Hier und Jetzt an. Lassen Sie Ihren Atem während der ganzen Übung natürlich und entspannt durch die Nase ein- und ausströmen. Beim Einatmen heben Sie nun Ihre Arme langsam auf Schulterhöhe an. Gleichzeitig strecken Sie Ihre

Beine, heben die Arme weiter auf Augenhöhe an, und stellen sich auf die Fußballen, indem Sie die Fersen anheben. Senken Sie beim Ausatmen die Arme behutsam, und bringen Sie die ganze Fußsohle wieder auf den Boden zurück. Beugen Sie auch Ihre Knie.

Stellen Sie sich Ihre Arme als Ihre Flügel vor, und versuchen Sie, ganz langsam den königlichen Flügelschlag des Adlers nachzuahmen, der hoch oben am Himmel würdevoll seine Runden zieht. Bleiben Sie ganz bei sich, entschleunigen Sie, und verbinden Sie die Bewegung der Arme und Beine achtsam mit Ihrer Ein- und Ausatmung. Die Geschwindigkeit der Übung beziehungsweise des Flügelschlags Ihrer Arme richtet sich nach Ihrem Atemfluss. Versuchen Sie deshalb, Ihre Atmung ganz natürlich von Wiederholung zu Wiederholung zu vertiefen.

Wiederholen Sie alles mindestens 12 Mal.

Rückwärts zählen

Diese Übung fördert Ihre Konzentrationsfähigkeit und hilft Ihnen, den Geist zu fokussieren und zu zentrieren. Die Gedanken kommen zur Ruhe, und eine innere Stille entsteht.

Ziehen Sie sich 15 bis 20 Minuten an einen ruhigen Ort zurück. Nehmen Sie eine stabile, sichere und aufrechte Haltung im Sitzen ein. Halten Sie Ihre Hände in der folgenden Meditationsgeste in Ihrem Schoß: Legen Sie die linke Handfläche in die rechte; die Handflächen zeigen nach oben. Die Daumen berühren sich sanft und bilden mit den Fingern eine offene ovale Form. Die Handkanten berühren den Unterbauch und liegen etwa 2 bis 3 cm unterhalb des Bauchnabels. Diese Handhaltung fördert Ihre Achtsamkeit und unterstützt Ihre innere Sammlung. Entspannen Sie Ihren Bauch, Ihre Schultern und Ihr Gesicht, und schließen Sie die Augen. Finden Sie zu körperlicher und geistiger Ruhe, und lenken Sie Ihre Aufmerksamkeit behutsam auf eine ganz natürliche Atmung. Sie sind sich bewusst, dass Sie ganz entspannt durch die Nase ein- und ausatmen.

Beginnen Sie jetzt mit dem Rückwärtszählen. Starten Sie mit der Zahl 100. Atmen Sie ein, atmen Sie aus, und denken Sie »99«. Begleiten Sie Ihre Atmung konzentriert weiter. Atmen Sie ein, atmen Sie aus, sagen Sie gedanklich »98«. Ein- und ausatmen, geistig »97« … Zählen Sie bis »0«. Sollten Sie sich während der Übung verzählen, beginnen Sie wieder bei »100«. Versuchen Sie, während der gesamten Übung körperlich entspannt und geistig gelassen zu bleiben. Seien Sie nachsichtig mit sich, auch wenn Sie sich mehrmals verzählen. Diese Übung, so einfach sie auch klingt, hat so ihre Herausforderungen. Verweilen Sie am Ende noch ein paar Minuten in der Stille, und genießen Sie den inneren Frieden.

Buddha oder ein Stück Hundescheiße?

Zwei Mönche, die durch ein fernes Land reisten, begegneten einander zufällig in einem abgelegenen Waldstück. Sie beschlossen, den Weg ein Stück weit gemeinsam zu gehen. Nach einer Weile der Stille fragte der eine Mönch den anderen: »Was siehst du in mir?« Der Mönch antwortete: »Ich sehe

Buddha in dir!« Sichtlich erfreut lächelte der erste Mönch. »Was siehst du in mir?«, wollte nun der andere Mönch wissen. Daraufhin erwiderte der erste Mönch: »Ich sehe ein Stück Hundescheiße in dir!« Die Wege der beiden spirituellen Männer trennten sich nach einigen Tagen.

Nach seiner Rückkehr ins Kloster erkundigte sich der Meister beim ersten Mönch nach seinen Erfahrungen auf der Pilgerreise. Der Mönch schilderte verschmitzt und stolz seine Begegnung mit dem anderen Mönch und fügte hochmütig hinzu: »Er sah tatsächlich Buddha in mir!« Der Meister fragte nach, ob auch der andere Mönch wissen wollte, was er in diesem sehe. Der Mönch grinste über das ganze Gesicht und sagte: »Ja, und ich habe ihm gesagt, dass ich ein Stück Hundescheiße in ihm sehe!« Der Meister schwieg, hielt einen kurzen Moment inne und antwortete dann: »Ja, du kannst im anderen immer nur das sehen, was du in dir selbst trägst!«

Wenn du wahrhaft nach innerem
Frieden suchst, musst du bereit sein,
gegen dein eigenes Ich,
gegen dein verblendetes Ego zu kämpfen.

So einfach geht's

Alle Übungen in diesem Buch fördern Ihre Gelassenheit – jede Übung hat aber noch weitere Schwerpunkte. Zur besseren Übersicht habe ich für Sie die einzelnen Übungen einem oder mehreren Kernthemen zugeordnet. Sie können die Übungen selbstverständlich auch untereinander kombinieren oder mehrere Übungen des gleichen Themas hintereinander praktizieren. Achten Sie bitte zu Beginn Ihrer Übungspraxis auf folgende Regeln:

> Vom Stehen zum Sitzen

Praktizieren Sie zuerst die Übungen im Stehen, wenn Sie sehr unruhig sind oder sich müde fühlen. Machen Sie danach die Übungen im Sitzen. Durch diese Vorgehensweise bauen Sie zuerst Spannungen ab, tanken Energie und können dann im Sitzen besser loslassen und sich konzentrieren. Bitte erinnern Sie sich daran, dass Sie viele Übungen sowohl im Sitzen als auch im Stehen praktizieren können (z. B. die »Haaaa‹-Atmung«, Seite 76).

> Vom Groben zum Feinen

Wenn Sie im Sitzen mehrere Übungen hintereinander ausführen möchten, üben Sie vom Groben zum Feinen. Damit meine ich, dass Sie zum Beispiel zuerst die »Haaaa‹-Atmung« praktizieren und danach die »Fülle und Leere wahrnehmen«, Seite 88. Übungen zu machen, die zunehmend ruhiger werden, hilft Ihnen dabei, sich noch tiefer zu entspannen.

> Vom Bewegten zum Stillen

Üben Sie vom Bewegtem zum Stillen. Wenn Sie mehrere Übungen nacheinander praktizieren möchten, führen Sie zuerst die bewegte Übung aus, z. B. »Den Kopf frei machen«, Seite 59, und danach die stille (ruhige) Übung »Rückwärts zählen«, Seite 114.

> Zwei Ausnahmen

Die beiden Übungen »Das Zauberwort ›Stopp‹« auf Seite 45 und »Das Kraftwort ›Jetzt‹« auf Seite 95 nehmen eine Sonderstellung ein. Diese Übungen können Sie unabhängig und überall, d. h. gerade auch im Alltag praktizieren, z. B. während der Arbeit, beim Kochen oder Duschen. Ich habe sie deshalb ganz bewusst nicht den einzelnen Themen zugeordnet.

> Wichtig

Üben Sie ganz allgemein nicht mit vollem Magen, aber auch nicht mit einem übermäßig starken Hungergefühl. Das stört Ihre Konzentrationsfähigkeit und lenkt Sie ab.

TIPP

Bleiben Sie vorzugsweise zu Beginn Ihrer Übungspraxis etwas länger in den einzelnen Übungen, d.h., erhöhen Sie die Wiederholungszahl oder die Dauer. Am besten nehmen Sie am Anfang nur eine Übung und praktizieren diese isoliert. Sie können sich so vertiefter und bewusster auf die jeweilige Übung einlassen und die Wirkungen klarer wahrnehmen, als wenn Sie gleich ein halbes Dutzend Übungen hintereinander abspulen. Lassen Sie sich Zeit, üben Sie langsam und bewusst.

Nach einer gewissen Zeit, wenn Sie vertraut sind mit den einzelnen Übungen und spüren, wie diese körper-lich und geistig auf Sie wirken, können Sie die Regeln über Bord werfen. Sie werden intuitiv die richtigen Übungen und einen passenden Ablauf für Ihre momentane Situation aussuchen. Experi-mentieren Sie, erlauben Sie sich, eigene Erfahrungen zu machen und die gewonnenen Erkenntnisse in Ihre Übungspraxis zu integrieren. Zum Abschluss des Kapi-tels finden Sie ein paar Beispiele von Übungssequen-zen, die nur noch bedingt den Regeln folgen. Sie haben sich in der Praxis seit Jahren wunderbar bewährt und bilden eine in sich stimmige Einheit. Erleben Sie es selbst!

Einzelne Übungen nach Thema sortiert

Loslassen

Positiv denken

Wut reduzieren

Gedankliche Klarheit

Harmonie

Energie zentrieren

Geistige Stärke

Energie stärken

Beispiele für Übungssequenzen

Übungssequenzen im Stehen

Sequenz »Erdung«
› Der Bambus im Wind (S. 84)
› Den Tiger beruhigen (S. 51)
› Fliegen wie ein Adler (S. 110)
› Stehen wie ein Baum (S. 90)

Sequenz »Freude«
› Der Bambus im Wind (S. 84)
› Herzensstärke (S. 40)
› Herzmassage (S. 101)

Sequenz »Gleichgewicht«
› Der Bambus im Wind (S. 84)
› Yin Yang (S. 71)
› Fliegen wie ein Adler (S. 110)

Sequenz »Freiheit«
› Die »Haaaa«-Atmung (S. 76)
› Stehen wie ein Baum (S. 90)
› Fliegen wie ein Adler (S. 110)
› Herzmassage (S. 101)

Übungssequenzen im Sitzen

Sequenz »Zentrierung«
› Die »Haaaa«-Atmung (S. 76)
› Verbindung der drei Energiezentren (S. 65)
› Frieden auffüllen und Liebe umhüllen (S. 78)

Sequenz »Weisheit«
› Fülle und Leere wahrnehmen (S. 88)
› Das Potenzial entdecken (S. 82)
› Der innere Buddha (S. 48)

Sequenz »Glück«
› Die »Haaaa«-Atmung (S. 76)
› Den Geist beruhigen (S. 57)
› Die Freude einladen (S. 74)

Sequenz »Mut«
› Die »Haaaa«-Atmung (S. 76)
› Die fünf Vertiefungen der Gelassenheit (S. 32)
› Das innere Licht (S. 97)

Sequenz »Gelassenheit«
› Die »Haaaa«-Atmung (S. 76)
› Den Geist beruhigen (S. 57)
› Die Kraft der vier großen Tugenden (S. 105)

Sequenz »Güte«
› Den Kopf frei machen (S. 59)
› Fülle und Leere wahrnehmen (S. 88)
› Meisterin des Mitgefühls (S. 37)

Übungssequenzen im Stehen und im Sitzen

Sequenz »Vertrauen«
› Die »Haaaa«-Atmung im Stehen (S. 76)
› Der Bambus im Wind (S. 84)
› Herzensstärke (S. 40)
› Die Freude einladen (S. 74)

Sequenz »Klarheit«
› Den Tiger beruhigen (S. 51)
› Den Kopf frei machen (S. 59)
› Fülle und Leere wahrnehmen (S. 88)
› Der innere Buddha (S. 48)

Sequenz »Frieden«
› Der Bambus im Wind (S. 84)
› Yin Yang (S. 71)
› Den Geist beruhigen (S. 57)
› Meisterin des Mitgefühls (S. 37)

Sequenz »Energie«
› Die »Haaaa«-Atmung im Stehen (S. 76)
› Der Bambus im Wind (S. 84)
› Den Tiger beruhigen (S. 51)
› Fliegen wie ein Adler (S. 110)
› Yin Yang (S. 71)
› Stehen wie ein Baum (S. 90)
› Die Kraft der vier großen Tugenden (S. 105)

Schlusswort

> Die Suche nach dem Sinn des Lebens
> ist in Wahrheit die Suche nach dir selbst.

Gelassenheit ist eine Kunst, die achtsam und vor allem mit Geduld gepflegt werden möchte. Gelassenheit kann nur aus Ihnen selbst heraus entstehen. Sie wächst und blüht mit Ihrem Verständnis und Ihrer Einsicht, dass Sie es sind, der bestimmt, wie Sie auf ein Erlebnis, einen Gedanken, ein Gefühl oder ein Wort reagieren. Kein anderer Mensch – außer Sie selbst – trägt die Verantwortung für Ihr Glück und Ihre Zufriedenheit, egal in welcher Lebenslage! Niemand sonst – nur Sie – kann Sie aus der Ruhe bringen. Sie selbst stimmen zu, sagen Ja und lassen sich bewusst oder unbewusst verunsichern, ängstigen oder verwirren. Es steht Ihnen jederzeit frei, das nicht mehr zu tun. Hören Sie hier und jetzt damit auf, und sagen Sie Nein. Erlauben Sie sich ab sofort, neu zu denken, um sich neu zu fühlen und auch neu zu handeln.

Gelassen sein ist eine bewusste Entscheidung, eine innere Haltung, die mit Ihrem Wunsch nach Selbstverantwortung und Selbstvertrauen Hand in Hand geht. Ganz nach dem treffenden Dialog zwischen einer Zen-Schülerin und ihrer Meisterin: »Warum sind eigentlich alle anderen Menschen glücklich außer mir?«, fragte die Schülerin ihre Meisterin. »Diese Menschen haben gelernt, in

allem und jedem das Schöne und das Gute zu sehen«, erwiderte die Lehrerin. Die junge Frau fragte weiter nach: »Aber wieso kann ich denn nicht wie sie das Schöne und das Gute in allem sehen?« Die Meisterin lächelte und fügte hinzu: »Weil es nicht möglich ist, im Äußeren etwas zu sehen, was du in deinem Inneren nicht siehst!«

Mit diesen Worten wünsche ich Ihnen die Kraft, die Klarheit und das Vertrauen, um Ruhe, Gelassenheit und Frieden in Ihnen selbst zu entdecken, zu kultivieren und zu pflegen. Mögen ganz viel Lebensfreude, Weisheit und positive Energien Sie auf Ihrem Weg begleiten.

In gelassener Verbundenheit herzlichst Ihre
Sandy Taikyu Kuhn Shimu

Danksagung

> Du wärst ohne die anderen Menschen
> nicht da, wo du bist.

In Verbundenheit danke ich meinen Lehrerinnen und Lehrern, die ihr Wissen, ihre Energie und ihre Zeit mit mir teilten und noch teilen. Ich danke meinen Schülerinnen und Schülern, die mir ihr Vertrauen schenken. Sehr dankbar bin ich dem Schirner Verlag und dem gesamten Team, allen voran Heidi und Markus Schirner und Katja Hiller, meiner geschätzten Lektorin, die es immer wieder möglich machen, dass aus einer vagen Idee handfeste Wirklichkeit wird. Ein ganz spezielles Dankeschön geht an Simone Fleck, die für die grafische Umsetzung verantwortlich war. Sie hat keine Zeit und Energie gescheut, um ihr kreatives Talent und ihr gutes Gespür in diesem Buch wirken zu lassen. Herzlichen Dank an Pascal Dokan Zahn (www.dokan-zahn.ch), der mit viel Geduld und Hingabe die Fotos für die Übungen in diesem Buch gemacht hat. Tiefsten Dank an meinen geliebten Mann Fredy, der mich auch bei diesem Projekt wieder zu hundert Prozent mit seinem Herz-Geist unterstützt hat.

Die Autorin

Sandy Taikyu Kuhn Shimu ist Autorin und Lehrerin für asiatische Lebens- und Bewegungskünste. Sie entwickelte das WU LIN Prinzip sowie eine eigene Beratungsmethodik, das WU LIN Coaching, und ist Mitbegründerin der WU LIN Organisation und der WU LIN Zen-Linie. Sie legt großen Wert auf die Einbindung der traditionellen Lehren in den modernen Alltag und auf deren Anwendbarkeit in der Praxis.

www.taikyu.ch | blog.taikyu.ch
www.wulin.ch/volketswil

Weitere Titel der Autorin

erschienen im Schirner Verlag:

Erleuchtung zum Frühstück
Nimm dir Zeit zum Leben –
Achtsamkeit im Alltag
978-3-8434-1078-6

Buddha@work
Den Berufsalltag gelassen
und achtsam meistern
978-3-8434-1147-9

Mit Buddha Tee trinken
Eine Einführung in die
chinesische Teezeremonie
978-3-8434-1033-5

Erwecke den Krieger in dir
Das WU LIN-Prinzip
978-3-8434-1057-1

Buddha im Gepäck
Der kleine Reiseführer
zum Glück
978-3-8434-1207-0

Das Tao der Worte
Zen-Geschichten, die das Herz
und den Geist bewegen
978-3-8434-1110-3

Begegne dir selbst in
der Stille
Freiheit beginnt mit
deinen Gedanken
978-3-8434-1104-2

Erleuchtung zum Frühstück
(Kartenset)
Zen im Alltag
978-3-8434-9029-0

Was dein innerer Buddha dir
zu sagen hat (Kartenset)
Entdecke deinen edlen Kern!
978-3-8434-9043-6

Im Jetzt! (Kartenset)
Das Wunder der Gegenwart
978-3-8434-9065-8

Sei du selbst, und lebe deine
ganze Kraft (Kartenset)
978-3-8434-9080-1

Was die Energie zum
Fließen bringt
Der kleine Energieratgeber
für jeden Tag
978-3-8434-5069-0

Kleine Energiequellen für
jeden Tag
978-3-8434-5083-6

Stark aus der inneren Mitte
Frühstücken im Zen-Geist
978-3-8434-5084-3

Vegan zum Glück
10 gute Gründe für eine rein
pflanzliche Ernährungsweise
978-3-8434-5129-1

Zufriedenheit (CD)
Schlüssel zum Glück
978-3-8434-8270-7

Bildnachweis

Fotografien der Übungen:
Pascal Dokan Zahn

Bilder von www.shutterstock.com:
Schmuckelement »Yogini«: # 256024579 (© Natalia Skripko)
Schmuckelement »Mönch«: # 256024579 (© Natalia Skripko), bearbeitet von Simone Fleck

S. 9: # 61610527 (© Rido), S. 12: # 169718585 (© Maridav), S. 15: # 301023509 (© pojvistaimage), S. 16: # 295851563 (© tanaphongpict), S. 18: # 129203627 (© Vincenzo Iacovoni), S. 20: # 184441376 (© Spectral-Design), S. 21: # 160978433 (© My Good Images), S. 21: # 246363103 (© StockPhotosArt), S. 22: # 216486085 (© Antonio Guillem), S. 22: # 119507401 (© Andresr), S. 23: # 189926543 (© James.Pintar), S. 24: # 259965338 (© Anton_Ivanov), S. 24: # 153016388 (© szefei), S. 25: # 353159843 (© Phensri Ngamsommitr), S. 26: # 356096720 (© Tobie Oosthuizen), S. 27: # 275585096 (© oneinchpunch), S. 28: # 130693808 (© Nailia Schwarz), S. 29: # 302498762 (© Subbotina Anna), S. 30: # 302257733 (© Petr Malyshev), S. 34: # 262015145 (© Kagai19927), S. 36: # 274284761 (© Sjale), S. 42: # 106801157 (© cowardlion), S. 43: # 347323895 (© HacK-LeR), S. 44: # 336997925 (© asharkyu), S. 46: # 224970232 (© ambrozinio), S. 47: # 341828057 (© Albina Glisic), S. 48: # 316885526 (© Pushish Images), S. 50: # 345118169 (©), S. 51: # 63526564 (© worldswildlifewonders), S. 54: # 233238250 (© Pushish Images), S. 56: # 329671637 (© Vixit), S. 69: # 1370086 (© Thomas Barrat), S. 70: # 326322431 (© SasinT), S. 74: # 143410588 (© gpointstudio), S. 80: # 248680750 (© rugco), S. 84: # 111896933 (© SJ Travel Photo and Video), S. 90: # 269277827 (© StanOd), S. 93: # 103516247 (© EcoPrint), S. 94: # 56908756 (© FWStudio), S. 95: # 198956213 (© Lolostock), S. 97: # 356900549 (© szefei), S. 99: # 235646266 (© Avatar_023), S. 100: # 315134495 (© Tony Campbell), S. 108: # 194630690 (© Dziobek), S. 109: # 325328018 (© arslaan), S. 110: # 274102250 (© FloridaStock), S. 114: # 167078825 (© Africa Studio), S. 116: # 375286330 (© PK.pawaris), S. 117: # 376711333 (© onsuda), S. 118: # 209584054 (© wiangya), S. 120: # 325372604 (© Tong2530), S. 125: # 14452561 (© kulich), S. 126: # 308589245 (© Natthakit), S. 129: # 119870797 (© Igor Reznov), S. 131: # 372100042 (© chadchai ra-ngubpai)